Success15
http://success.waseda-ac.net/

1
サクセス15
January 2019

CONTENTS

表紙：東京学芸大学附属高等学校

小1〜中3

冬期講習会、受付中

12/26㊌〜29㊏・1/4㊎〜7㊊

※地域・学年により日程が異なる場合がございます。

冬期講習会が、君を変える。

学力の伸びが確認できる！冬期講習会は飛躍のチャンス！

POINT 1
新学年に備える！
重要単元を徹底学習。
- 既習単元を集中的に学習し、理解を深める
- 問題演習を通じて、実戦力を養成する

POINT 2
確かな実力が付く！
実績に裏付けられた教務システム
- 短期間で力が付く、効果的な学習カリキュラム
- 発問を中心とした、学力別少人数制授業

POINT 3
本気になれる！
充実した学習環境
- 熱意あふれる講師の授業で、学ぶことが楽しくなる
- ライバルからの刺激によって、学習意欲が高まる

冬期新入生応援キャンペーン

詳細はホームページをご覧ください。

❶ 入塾手続きをされた方全員
入塾金 無料 または 半額
※学年により割引金額や適用条件が異なります。詳しくはホームページをご覧ください。

❷ 小3・小5Kコース限定
冬期講習会授業料 半額 ＋1月授業料 半額
※冬期講習会開講日までに、冬期講習会および1月からの入塾手続きをされた方が対象となります。

❸ 小6Kコース限定
1月授業料 半額
※12月29日までに1月の入塾手続きと、4月から始まる新中1の継続受講手続きをされた方が対象となります。

中2・中3

いつもと違う環境でさらにレベルアップ！ 正月特訓

中2 実力アップ 正月特訓

「実力」と「自信」。この2つが身に付きます。

「入試まで、まだ1年」から、「入試まで、あと1年」のターニングポイントが、中2の正月特訓です。受験学年に余裕を持って臨むために中2の学習内容の復習・徹底演習を行います。各拠点校に結集して他校の生徒と同じ教室で競い合うことで、より効果的な学力向上が望めます。

［日程］ 12/30㊐、1/2㊌、1/3㊍（全3日間）
［時間］ 9:00〜10:50／11:00〜12:50
13:50〜15:40／15:50〜17:40

中3 入試直前 正月特訓

年末年始に35時間以上の志望校対策

この時期の重点は、ズバリ実戦力の養成。各拠点校に結集し、入試予想問題演習を中心に「いかにして点を取るか」すなわち「実戦力の養成」をテーマに、連日熱気のこもった授業が展開されます。

［日程］ 12/30㊐〜1/3㊍（全5日間）
［時間］ 9:00〜10:50／11:00〜12:50
13:50〜15:40／15:50〜17:40

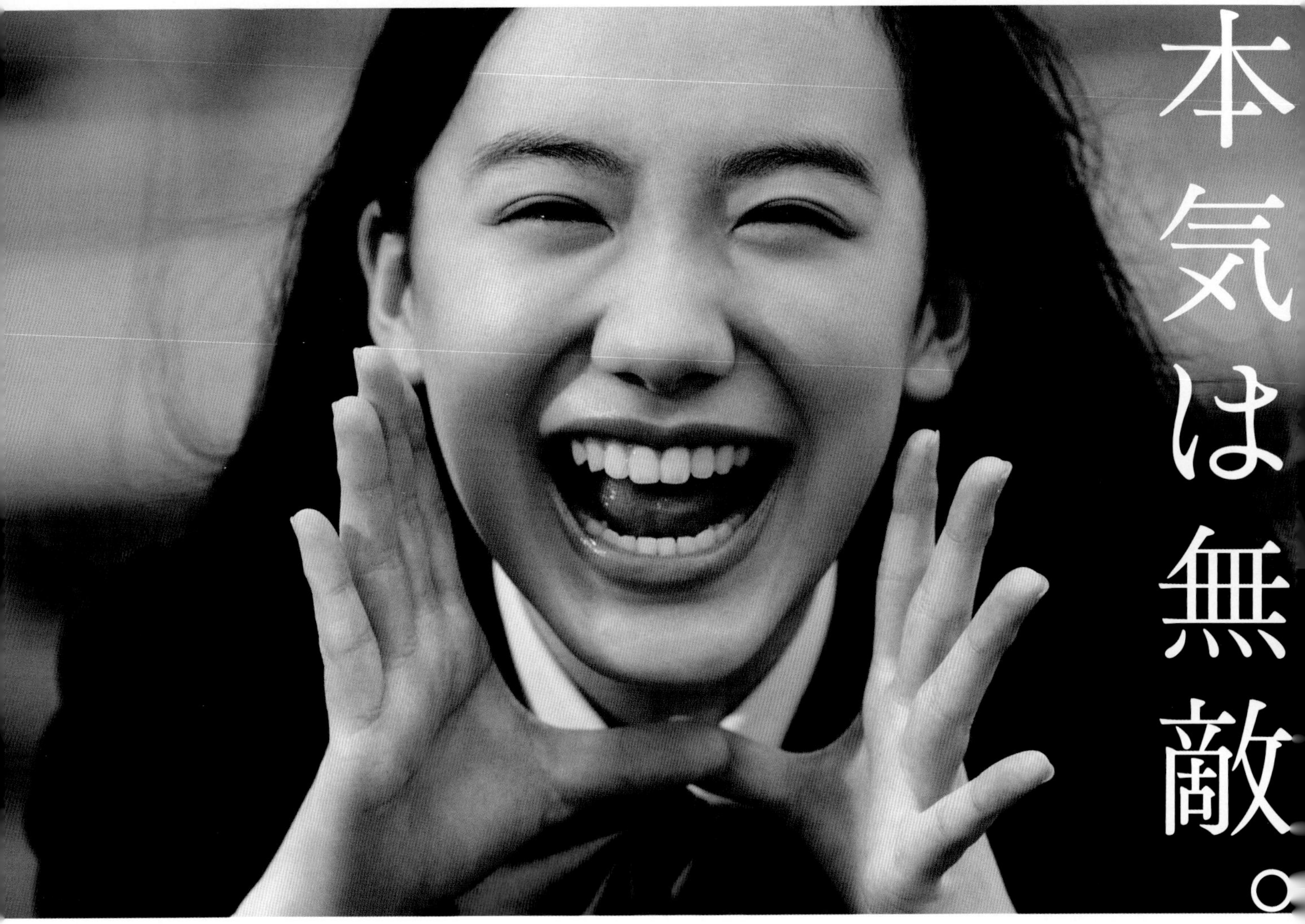
本気は無敵。

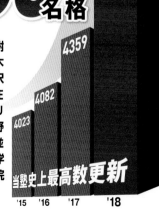

縦横無尽の東大さんぽ

text by キャシー

Vol.10

受験生も東大生もクリスマス返上で勉強！

早いものでもう12月ですね。冬休みの計画は立てましたか？　冬休みは受験生にとってラストスパートの時期です。高校入試は地域によっては1月中旬から始まりますし、大学入試も1月中旬に大学入試センター試験（国公立を志望する人が受ける全国共通の試験。最近はセンター試験の点数を利用できる入試を導入する私立大学も多いため、大半の高校生が受ける）がありますから、この時期は中学生も高校生も、必死に勉強していると思います。

そこで今回は、私が受験期にどのような冬休みを過ごしていたのか、そして大学生になったいまはどう過ごしているのかをお話しします。まずは私が受験生当時に実践していた、2つの勉強法を紹介します。

1つ目は「効率よく」過去問を解くことです。この時期の勉強は、過去問で演習を積むことが主体だと思いますが、過去問は解くのに結構時間がかかってしまいますよね。そこで私は、科目ごとに優先順位をつけて解くようにしていました。

得意科目の過去問は、解く頻度を3日に1回に削ったり、時間を短めに設定して解いたりして、ほかの科目に勉強時間を割けるように工夫していました。逆に苦手科目は毎日取り組んで、間違えた問題を徹底的に分析するようにしていました。過去問は解いたぶんだけ自分の力になりますから、根気強く取り組みましょう！

2つ目は、「間違えた問題ノート」を作ることです。過去問で自分がやってしまった間違いやうっかりミスをノートに蓄積していって、試験当日、テスト直前までながめられるような自分専用のノートを作成していました。この勉強法は、まだ受験生ではない中1・中2のみなさんも、定期テスト対策に活かすことができるのでおすすめです。ぜひ取り入れてみてください。

中学生も高校生も冬休みは勉強しているものだ、と言いましたが、では、大学生はどうなのでしょうか？　じつは東大も冬休み明けから期末試験があります。しかも、クリスマスも授業です。大学生になったからといって、試験から解放されるわけではないのです。

ですから、今年の冬休み「も」勉強ざんまいになりそうです…。気晴らしに楽しいことをする心の余裕を失わないように意識しながら、実りある冬休みを過ごしましょうね！

今月の挑戦!!

新時代のエンターテインメント 脱出ゲームがおもしろい！

元はオンラインゲームとして遊ばれていた脱出ゲーム。その世界観を現実でも体験できるイベントが専用施設や閉園後のテーマパーク、ときには街全体で開催されており、私は最近それの虜になっています。仲間とチームを組み、ストーリーに沿ってパズルや暗号を解きながらクリアをめざすこのゲームは、洞察力やひらめき力など、勉強とは違う頭の使い方が必要なので、毎回刺激的な時間を堪能しています。

東大の友だちといっしょに挑戦しにいくことが多いのですが、大学でトップクラスに賢い友だちを連れていってもクリアできないことがあるので、とても挑戦しがいのあるエンターテインメントだな、といつも感心させられます。また、会場でほかの大学の友だちやサークルの同期とよく会うので、もしや大学生の間でブームが起こっているのかも!?

こうした体験型の脱出ゲームは、日本中で企画されています。中学生のみでは参加できないものもありますが、よかったら家族や友だちを誘って、挑戦してみてくださいね。

めざすべき学部がわかる

『サクセス15』的お仕事図鑑

みなさんは将来、どんな職業につきたいですか。今回の特集では、医師や弁護士、建築士など、さまざまな職業を取り上げ、その仕事内容を紹介するとともに、その職業につくためには大学のどの学部に進むべきかをお伝えします。なりたい職業が決まっている人はもちろん、まだ将来の夢がはっきりしていない人も、色々な職業を知ることで、進みたい道が見えてくるかもしれません。最後のページでは、特徴的な教育を実施する11の学部を紹介しています。興味を持った学部での学びをどんな職業に活かせるかを考えることが、将来の夢を見つけるきっかけになるかもしれません。

なりたい職業別 めざすべき学部

なりたい職業として憧れを抱く人も多い12の職業について、めざすにはどの学部へ進学し、どんな勉強をすればいいのかをご紹介します。

外交官

外国との交渉・交流を担う

　国家間の先頭に立ち、外国と交渉・交流を行う仕事。世界各国にある日本大使館や領事館などの在外公館、または外務省本省にて勤務します。国家公務員採用総合職試験を経て外務省に入るか、外務省専門職員採用試験に合格し専門職員として働きます。

必要な試験　**国家公務員採用総合職試験**
外務省専門職員採用試験

外交官になるには

法学部 外国語学部など　文系

　必要な試験はどの学部に行っても受けられますが、海外で活躍することを考えると外国語の習得は必須です。また、試験科目には憲法や国際法、経済学などがあるので、そういった内容が学べる学部を選ぶといいでしょう。国家公務員志望者向けの就職支援プログラム等が手厚い大学もあります。

支援プログラムのある大学

東京外大（外交官・国家公務員総合職プログラム）など

通訳

人と人を言葉でつなぐ

　2つ以上の言語を話せる人が、異なる言語を話す人の間に入りそれぞれの言語を訳して伝えることでコミュニケーションを助ける仕事。外国人旅行者に日本を案内する通訳案内士という仕事もあり、こちらは国家資格が必要です。

通訳案内士に必要な資格　**通訳案内士**

通訳になるには

外国語学部 文学部など　文系

　外国語が身についていることは大前提ですので、語学をしっかりと学べる学部がいいでしょう。また、言語だけでなくその国の歴史や文化の知識、母国語となる日本語や日本についての知識も必要です。

通訳に必要な能力を学べる大学

東京外大（言語文化学部）、上智大（外国語学部）、立教大（異文化コミュニケーション学部）など

法曹《ほうそう》と呼ばれる法律の専門家

検察官

国家公務員として検察庁に所属し、警察といっしょに犯罪行為が疑われる事件を捜査して、刑事事件として裁判を行うかどうか（起訴か不起訴か）を判断する仕事。また、裁判に立ち会い、裁判所への証拠の提出や証人尋問などを通して被告人の犯罪行為の証明と求刑を行います。起訴権限を持つのは検察官だけなので、責任の重い職業といえます。

必要な試験　**司法試験**

裁判官

民事事件や刑事事件など、裁判所で行われる訴訟の決着をつける仕事。憲法や法律に拘束されることを除き、自らの良心に従い独立してそれぞれの事件を判断します。公正かつ中立な判断力が求められるため「法の番人」とも呼ばれています。司法試験に合格し法曹資格を得たあと、10年間判事補として経験を積むと、裁判官（判事）に任命されます。

必要な試験　**司法試験**

弁護士

依頼を受けた事件やトラブルについて法律の知識を使い解決に導く仕事。弁護士というと、刑事訴訟や民事訴訟で依頼人の弁護のため、検察官や相手の弁護士と論争を行うイメージが強いかもしれません。しかし、実際の弁護士の業務は幅広く、離婚問題や相続問題の解決や法的業務の代行なども行いますし、企業の顧問弁護士として活躍する人もいます。

必要な試験　**司法試験**

検察官・裁判官・弁護士になるには

法学部

文系

検察官、裁判官、弁護士は、まとめて法律の専門家を意味する「法曹」という言葉で呼ばれています。この3つの職業に就くためには、共通の試験に合格する必要があり、それが、国家試験である司法試験です。

司法試験には受験資格があり、受験資格を得るには、「①法科大学院の課程の修了」または「②司法試験予備試験合格」が必要となります。

①の法科大学院は、法曹養成に特化した教育を実施する学校で、国・公・私立にかかわらず全国の多くの大学に設置されています。②の司法試験予備試験は、本来は経済的理由などから法科大学院に進学できない人への救済措置として設けられたもので、とても難易度が高い試験です。そのため、多くの人は法科大学院へ進学し受験資格を得るのが現状となっています。

法科大学院にはコースが2つあり、大学の法学部で法律科目をすでに学んだ人向けの2年間の「法学既修者コース」と、他学部出身者など入学前に法律科目を学んでいない人向けの3年間の「法学未修者コース」があります。そのため、いち早く法科大学院を卒業したい場合は、法学部へ進学するのがいいでしょう。

法科大学院のある大学

京都大、東京大、慶應義塾大、早稲田大、中央大、一橋大、神戸大、大阪大、名古屋大、九州大など（2018年司法試験合格者数の多い順）。

小学校教諭

初等教育に携わる
大切な仕事

小学校で、児童に生活と教科の指導を行うのが小学校教諭です。音楽や体育など、専任の教諭がいる場合もありますが、みなさんの小学生時を思い出してもわかる通り、小学校教諭は原則的に全教科を教えるため、各教科の専門的な知識を身につける必要があります。そのため、一般的には小学校教員免許を取得することになります。中学校・高等学校の教員免許では限られた教科しか受け持つことができません。

必要な資格　**小学校教員免許（一種、二種、専修）**

小学校教諭になるには
教育学部　文系

中・高の教諭は教科ごとのため、さまざまな学部で取得することができます。それに比べて小学校教諭は取得できる大学・学部が限られており、一般的には教育学部で学ぶことになります。

教育学部のある大学

東京学芸大（教育学部）、お茶の水女子大（文教育学部）、早稲田大（教育学部）、筑波大（人間学群教育学類）、青山学院大（教育人間科学部）など

理系の研究者

これ、と決めた対象を
研究し続ける

ここでの「研究者」とは、大学や研究機関（国立・民間企業の研究所など）などで、自分が専門とする学問分野の研究をする人のことをさします。そのため、特定の資格があるわけではなく、こうした研究機関に研究職で採用されることで研究者として働くことができます。ただし、博士号を取得していることが一般的ですので、大学院後期課程（後述）を修了していることが望ましいということになります。

研究者になるには
学びたい分野のある学部　理系

上でも述べましたが、必ず取らなければならない資格があるわけではありません。自分が人生をかけて学んでいきたいと思えるような分野の学部がある大学に進みましょう。

研究者をめざす一般的なルート

どんな分野の研究をしてみたいかで選ぶ学部は変わってきますが、大学卒業後に大学院へと進学し、２年間の前期課程、３年間の後期課程を修了して、博士号取得をめざすのが一般的なルートです。

獣医師

人間ではなく、動物を診る医師のことです。イヌ、ネコ、小鳥などのペットだけでなく、ニワトリ、ブタ、ウシなどの産業動物など、診療の対象は多岐にわたります。また、動物園や水族館などに勤務し、そこの動物たちの体調管理やケアなどを行っている獣医師もいます。医師や薬剤師と同様に、獣医師免許という国家資格を取得することになります。

必要な資格　獣医師免許

獣医師になるには

獣医学部 農学部など

理系

獣医師免許を取得し、獣医師になるためには、獣医学部や獣医学科をめざしましょう。全国的に見ても獣医学部、獣医学科はどちらも数が少なく、また、獣医学科が設置されている学部は大学ごとに名称も異なるので注意しましょう。

獣医学部、獣医学科のある大学

東京大（農学部）、東京農工大（農学部）、北海道大（獣医学部）、日本獣医生命科学大（獣医学部）など

さまざまな動物の「お医者さん」

専門知識を活かして「薬」を扱う

薬剤師

専門的な知識をもとにした、病気の治療や予防に使う「薬」を扱う仕事が薬剤師です。調剤薬局、病院、診療所、ドラッグストア、医薬品関係企業など、医療にかかわるさまざまな職場で働くことができます。薬剤師になるためには、大学の薬学部で学んだあと、薬剤師国家試験に合格する必要があります。

必要な資格　薬剤師免許

薬剤師になるには

薬学部

理系

大学で薬学の正規課程を修めて、国家試験に合格することで薬剤師になることができます。薬学部も医学部同様６年制です。６年制となったのは2006年（平成18年）からで、約半年の薬局病院実務実習の必修化など、より薬剤師を育てるための教育が充実されています。

薬学部のある大学

東京大（薬学部）、慶應義塾大（薬学部）、東京理科大（薬学部）、北里大（薬学部）など

医師

医師とは、具体的には病気やケガの診療をする仕事のことです。人の命に直結する仕事であるため、専門知識と、医師としての倫理観や使命感も求められます。国家試験を受験し、国家資格である医師免許を取得しなければなりません。また、医師といっても、みなさんにもなじみ深い、病院で診療や手術を行う臨床医以外に、基礎研究医や産業医など、いくつかの分野に分かれます。

必要な資格　医師免許

医師になるには

医学部

理系

医師の国家試験を受験する前提条件として「医学の正規の課程を修めて卒業すること」が必要となるため、医学部医学科を卒業するのが一般的。また、医学部は６年制で、普通の大学（４年制）よりも２年間長いのが特徴です。

医学部医学科のある大学

東京大（医学部）、京都大（医学部）、慶應義塾大（医学部）など。大学校として防衛医科大学校もあります。

人の命、健康にかかわる責任重大な職業

建築士

建築士は建設会社や設計事務所などで、建物の設計や工事の管理を行う職業です。国家資格を取得しなければならず、取り扱うことのできる建物の規模や構造に応じて、3つの資格があります。一級建築士、二級建築士、木造建築士で、受験資格として実務経験が必要な場合もあります。

必要な資格　**一級建築士、二級建築士、木造建築士**

建築士になるには

建築学部 工学部などの建築学科

理系

建築士試験の受験資格を得るために、大学で必ず建築系の学部・学科で学ばなければならない、ということはありません。ただ、学歴に応じて受験に必要な実務経験年数が決まります。そして、建築系の学部・学科を卒業するのが最短のルートになります。建築学部を置く大学は多くありませんが、建築学科は工学部を中心にさまざまな大学に設置されています。

建築学部・建築系学科のある大学

東京大（工学部）、早稲田大（創造理工学部）、慶應義塾大（理工学部など）、芝浦工大（建築学部）など

建物の設計・工事の管理を行う

これからの社会に欠かせない職業

社会福祉士 臨床心理士

先に紹介した医師や薬剤師以外にも、医療や福祉に携わる仕事はたくさんあります。なかでも、社会福祉士は福祉（例えば高齢者介護や障害者サポートなど）に関する専門家として、福祉サービス利用者の相談に乗ったり、助言、指導を行う職業で、高齢化社会が進む日本では、今後さらに需要が高まっていくことでしょう。臨床心理士は精神疾患や心身症の改善・予防などに取り組む心理職の専門家です。ともに国家資格を取得する必要があります。

必要な資格　**社会福祉士、臨床心理士**

社会福祉士、臨床心理士になるには

福祉系学部 心理学を学べる学部

文系

社会福祉士ならば福祉系学部に進めば、大学卒業後に改めて実務を経験せずに資格受験ができます。臨床心理士は心理学を学べる学部に進学することで、専門的な知識を得ることができます。

福祉、心理学を学べる大学

【福祉系】法政大（現代福祉学部）、立教大（コミュニティ福祉学部）
【心理学】東京大（文学部、教育学部）、早稲田大（文学部、人間科学部）など

学部を限定されない職業

宇宙飛行士

宇宙で活躍する専門性の高い仕事

宇宙船や国際宇宙ステーション（ISS）を運用したり、宇宙で実験や観測を行ったりと、宇宙飛行士はさまざまなことを行います。

宇宙飛行士の募集は毎年あるわけではなく、募集時期も決まっていません。そのため、募集の際にどのような条件が定められるかわかりませんが、参考として2008年度（平成20年度）に行われた国際宇宙ステーション搭乗宇宙飛行士候補者募集を見てみると、「大学（自然科学系）卒業以上であること」「自然科学系分野における研究、設計、開発、製造、運用等に3年以上の実務経験を有すること」という項目があります。自然科学系とは、理学部や工学部、医学部、農学部、栄養学部などの学部です。宇宙飛行士になるためにはこうした分野の学習、そして実務経験が必要ということです。

編集者

書籍や雑誌を企画・制作する

書籍や雑誌の企画を立ち上げ、制作するのが仕事です。しかし、ひとくちに編集者といっても、エッセイや小説、漫画、スポーツ雑誌、ファッション雑誌など、取り扱うものはさまざまです。また、近年ではWebサイトの記事やメールマガジン、電子書籍などのWeb媒体も多くなっており、それらに関する仕事もあります。

編集者になるために必要な資格や免許はありませんが、大手出版社では、4年制大学の卒業を入社試験を受ける際の条件としているところがほとんどです。しかし、学部の制限はとくにみられないため、文系、理系どちらの学部に進んでもなることはできます。専門分野があれば、その知識を活かすこともできるでしょう。

ITエンジニア

IT関連の多様な技術者たち

ITエンジニアとは、IT（Information Technology）関連の技術者の総称です。システムの設計、製造などを行うシステムエンジニア（SE）、そのシステムの設計に基づいてプログラミング作業をするプログラマー、コンピューターネットワークの設計や運用、保守などを行うネットワークエンジニアなどの職業もITエンジニアに含まれます。

大学では電気工学や電子工学、情報工学などを専攻しておくと勉強になりますが、教育体制が整っている企業も多いので、理系に限らず、文系学部からでも、システムエンジニアなどになることはできるでしょう。

学芸員

博物館などで働く専門職

博物館や美術館などで働く専門職で、仕事内容は歴史、芸術、自然科学などに関する資料を収集、保管、展示し、調査研究などを行うことです。

学芸員は国家資格であり、学士（大学の学部の卒業者に与えられる学位）を有し、大学で文部科学省令の定める博物館に関する科目の単位を修得した者に与えられます。

ほかにも資格取得の方法はありますが、その場合は学芸員を補助する学芸員補の経験などが必要となります。

博物館に関する科目はすべての大学で設置されているわけではありませんので、学芸員になるにはこれらの科目を開講している大学に進学した方がいいでしょう（東京大、お茶の水女子大、東京学芸大、早稲田大、慶應義塾大など）。

興味を持てるような学部を見つけよう

Pick Up

特徴的な教育を行う珍しい学部の数々

ここでは視点を変えて、少し珍しい学部を見てみましょう。この学部で学ぶと必ずある職業につけるというわけではありませんが、各大学が用意する独自の学びのなかからみなさんの夢が見つかるかもしれません。

千葉大　園芸学部

「食と緑」をキーワードに、園芸作物の栽培のみならず、医学と福祉の考え方を活かした植物の利用、関連する産業の経営など、幅広く学べます。

横浜国立大　都市科学部

「これからの都市はどうあるべきか」というテーマに科学的に取り組み、文理にわたる幅広い視点からよりよい都市づくり、都市社会構築に挑戦できる人材を育成しています。

東京海洋大　海洋資源環境学部

総合的な海洋科学、海洋生物学について学ぶとともに、再生可能エネルギー・海底資源の利用、海洋環境の保全・修復等の分野で求められる知識、技術を身につけられます。

上智大　文学部新聞学科

新聞、放送、インターネットなどを、理論と実践の両面からバランスよく学び、ジャーナリズム関連の仕事につく人材のみならず、高度なコミュニケーション能力とメディア・リテラシーを持つ人材を育てる学科です。

法政大　キャリアデザイン学部

「発達・教育キャリア」「ビジネスキャリア」「ライフキャリア」の3領域からアプローチし、自らのかけがえのない人生＝キャリアを主体的にデザインする力を育みつつ、他者のキャリアデザインを支援できる知識やスキルを身につけます。

明治大　国際日本学部

「日本と世界をつなぐ」力を育成するために、日本のポップカルチャーや日本語教育についてなど、さまざまな専門分野を横断的かつ複合的に勉強することができます。

立教大　観光学部

「ビジネスとしての観光」「地域社会と観光」「文化現象としての観光」というプログラム群を設置し、観光分野で働くためのスキルを学べるとともに、経営学、経済学、地理学などの多種多様な分野を絡めた学びが用意されています。

学習院大　国際社会科学部

英語力に加え、社会科学科目を通じて国際的なビジネスの現場で求められる課題発見・解決力や国際経済・社会に対する理解力を養えます。3年次からは社会科学の講義がすべて英語で実施されるのが特徴です。

Pick Up

2019年度新設の学部

上記のように各大学は特徴ある学びを展開していますが、2019年度も新たに独自の教育を行う学部が誕生します。そのなかから3つを紹介します。

東京外国語大　国際日本学部

英語と日本語を共通言語に、日本人学生と留学生が国際的な視野で日本の政治や歴史、文学、文化などを学びます。世界に日本を発信する力や多文化化する日本の問題を解決するための知識や協働力を養えます。

中央大　国際経営学部／国際情報学部

英語で経営学を学び、海外インターンシップなどを通じて、学生時代から国際ビジネスに触れられる国際経営学部と、工学系の情報と法学系の法律を融合させた学びを展開する国際情報学部が同時にスタートします。

青山学院大　コミュニティ人間科学部

「子ども・若者活動支援プログラム」「コミュニティ資源継承プログラム」「コミュニティ創生計画プログラム」といった専門科目群が設置され、高齢化や過疎化など、日本の地方が抱えている課題を解決するための力を養える学部です。

いかがでしたか。興味のある学部はありましたか。今回紹介した以外にも色々な職業、学部がありますから、みなさんも調べてみてくださいね。

木々を守るお医者さん「樹木医」にクローズアップ

みなさんは、「樹木医」という職業があることを知っていますか？　学校や公園、歩道などで、さまざまな樹木を目にすると思いますが、それらの樹木が健康に育つよう樹木医の方々が日々取り組んでいます。今回は樹木医・額《ぬか》谷《や》悠《ゆう》夏《か》さんに、樹木医に関する色々なお話を伺ってきました。これを読めばきっと、樹木を見る目が変わりますよ。

写真提供：額谷悠夏さん、樹木医・小林明さん

樹木医とは？

天然記念物やご神木といった貴重な樹木から街路樹や公園樹、庭木などの身近な樹木まで、あらゆる樹木の診断と治療、回復を行うとともに、病気の予防や後継樹※の保護育成などにも携わる「木のお医者さん」です。民間資格の１つで、日本緑化センターが実施する樹木医資格審査に合格すると樹木医を名乗ることができます。現在樹木医として活躍する約2700人（うち女性は約300人）の年齢は20代半ばから70代までと幅広く、職種も造園会社勤務、環境コンサルタント、植木職人などさまざまです。

※母体となる木の種や接ぎ木などをもとに育てた若木のこと

樹木医になるには？

上記の資格審査は１次、２次と段階があり、１次は筆記試験、業績審査、２次は約２週間の研修中に行う筆記試験、講義、実習、面接の結果により合否が決まります。毎年400～500人の応募から、最終的に約120名が合格します。なお、受験資格があるのは、樹木に関する業務に７年以上携わった人のみ。ただし、樹木医補という資格を得れば、業務歴１年以上で受験が可能になるので、樹木医への道がかなり短縮されます。樹木医補は、認定を受けた大学などで指定の科目を履修して卒業後、必要書類を日本緑化センターに提出、審査に通ると認定されます。

樹木診断・治療の流れは？

診断・治療の内容は樹木の種類によっても異なりますが、「行政、企業、個人などから依頼を受ける→道具を使いつつ樹木や土壌の状態を診断、健康を損なう原因（気温、日照、土壌などの環境条件、病害虫など）を調査、場合によっては専門機器を用いて精密調査→原因に即した治療を実施（土壌改良、病害虫の除去、薬剤の塗布など）→定期的な観察により樹木の健康を保つ」というのがおもな流れになります。

interview

（一社）日本樹木医会企画部会

額谷《ぬかや》 悠夏《ゆうか》さん

なぜ樹木医になろうと思ったのですか？

高校生のときに、樹木医・塚本こなみさんの活躍を紹介するテレビ番組を見たのがきっかけです。それまで樹木医という職業があることを知りませんでしたが、塚本さんが日本人女性初の樹木医として「あしかがフラワーパーク」（栃木県）で藤の再生などに取り組む様子を見て感動し、私も樹木医になりたいと思いました。

大学も樹木医になることを見据えて選んだそうですね。

樹木の勉強ができるか、樹木医補の資格が取得できるかをポイントに大学を選びました。進学した農学部森林学科ではおもに山の木々について学んだので、都市の木々も勉強したいと、樹木医補の資格を取得したうえで大学院に進み、街路樹の研究をしました。

樹木医資格審査の印象はどうですか？

1次審査の筆記試験は、樹木の育成にかかわる気象や土壌のこと、病気の原因になる昆虫や動物のこと、回復治療のための薬剤のことなど、樹木にまつわるあらゆる知識が問われます。大学院生のころに初めて受験しましたが、一度では合格できず、何度かチャレンジしてやっと合格できました。すでに何年も現場で樹木と向き合ってきた方は1回で合格できることもあるそうですが、当時の私は経験が浅かったこともあり、難しく感じました。ただ、受験勉強を通して、樹木医に必要な知識を身につけられたのはよかったです。

2次審査は、年齢も職業もバラバラながら同じ目標を持った仲間とともに2週間の研修を受けたことが印象深いです。いまでも同期は強いきずなで結ばれていて、彼らの存在が心強いです。

どのように樹木を診察していますか？

樹木医とひとくちに言っても、所属企業や受注する仕事によって対象樹木や診察方法もさまざまです。私は公園の運営管理などを行う部署にいるので、そうした業務に携わりながら、樹木医として街路樹や公園樹などの健康診断をしています。医師＝聴診器を使うイメージがあると思いますが、樹木医が使うのは鋼棒《こうぼう》と木槌《きづち》です。

鋼棒は幹や根元に刺して、木槌は幹や枝、根元を叩いて使います。それぞれ刺したときの感触、叩いたときの音に異常があると、木の内部に腐朽や空洞があることがわかるんです。つまり木の健康が損なわれているとわかるわけです。あとは葉の様子もチェックします。木の状態が悪いと、葉が小さくなったり、色が悪くなったり、早く落ちてしまったりするんです。

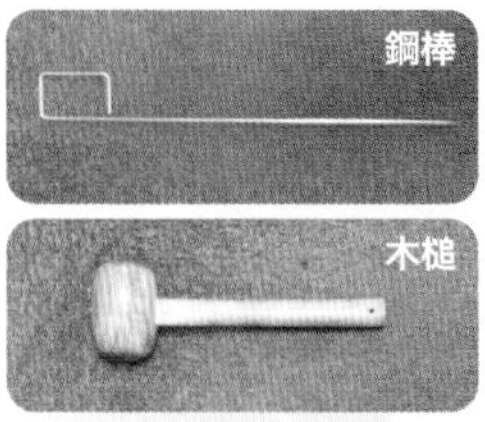

そうして診《み》ていきながら、1本1本についてカルテを作成し、現状維持でいいか、回復治療をした方がいいか、伐採した方がいいかなどを判断していきます。木の健康を保つことは人々の安全を確保するうえでも大切ですが、生態系を維持するうえでも大切で、ある木が弱ってきたときに、その木の実を餌《えさ》とする野鳥のために回復治療を行ったことがあります。

カルテを作成するとは、まさに医師のようですね。

一見すると同じ種類で同じように見える木でも、それぞれ育ち方や特性がまったく違うので、症状と治療法を適切に見極めなければなりません。総合的な判断力と診断力が必要な点は、医師と似ていると思います。また、私は診断業務が多いこともあって診断が得意ですが、医師が内科、外科、病理など専門が分かれているように、樹木医

樹木を腐らせるコフキサルノコシカケ（左）やベッコウタケ

一見元気そうに見えるソメイヨシノですが…丸で囲んだところに枝が少しずつ衰弱するコブが発生しています

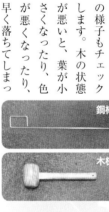

も回復治療が得意な方、菌に詳しい方など、それぞれ得意分野があります。

木はどんな原因で弱るのですか?

生育環境や木の種類にもよりますが、木も生きものですから、傷がついたり、虫に食べられたり、水や栄養が足りなかったりすると弱ってしまいます。なかでも街路樹は、植栽スペースが狭く、根が十分に育たないことが原因で、水や養分を吸い上げられずにいるところに菌が侵入して弱ってしまうケースがあります。あとは土も健康を左右する要因で、踏み固められてしまうと、木の成長に悪影響を及ぼします。

樹木医として働くうえで、難しさを感じるのはどんなときですか?

倒木の恐れがあると診断した木は、伐採されてしまう可能性がありますし、かといってそのまま放置すれば、倒れて人にケガをさせてしまうかもしれません。自分が診断を間違えれば木にも人にも迷惑をかけてしまうことになるので、日々責任の重さを感じながら業務にあたっています。

適切に診断できるようになるには、なるべく多くの現場を経験することが必要です。教科書通りではない現象も山のようにありますから、実際に木を見て、触って、現場で感じるなかで成長していける仕事だと思います。なお、1人で診断すると見解が偏りがちなので、チームで意見交換をしながら活動することも多いです。私も街路樹や公園樹の診断は2人1組で行っています。

目の前の木を守ることが未来の自然環境を守ることにつながります

では、やりがいを感じるときは?

木は「痛い」などと話してくれないので、樹木医が状態を推測しなければなりません。でも話してくれないからこそ、その木について色々と考えをめぐらせることができるので、そこにやりがいやおもしろさを感じています。

あと、普段の街路樹診断では、直接お礼を言われることが少ないので、公園樹などの診断中に、みなさんがお礼を言ってくださると、そのときはすごく嬉しいですね。とくにまだ樹木医補だったころに先輩樹木医のアシスタントとして、保育園の庭にある木の回復治療に携わったとき、子どもたちが喜んでくれたのはとても嬉しくて、いまでも印象に残っています。

最後に読者へのメッセージをお願いします。

樹木医がそのとき対象にするのは目の前の1本の木ですが、その木を守ることが、自然環境を守ることにつながると思っています。未来に向けて大切な「緑」を守っている樹木医という仕事に興味を持った方は、ぜひ山などへ行って、自然の木をたくさん見てほしいです。街の木は人の手が加わっているので、本来の様子を知るには、山に行くのが一番です。川のそばに生えている木は湿った場所が好きなんだな、というふうに、色々な木に目を向けてみてください。木も一生懸命生きていることを感じてくれたら嬉しいです。

Profile

額谷 悠夏　埼玉県出身。大学院卒業後、(株) 富士植木に入社。公園管理業務と並行して、樹木医として街路樹や公園樹の健康診断を行う。樹木医歴は7年。(一社) 日本樹木医会企画部会員。

樹木医の治療によって、瀕死の状態(右)から、ここまで回復したサイカチの木

回復のために地上に新しい根を生やす治療が施されたソメイヨシノ

大がかりな調査では土を掘り起こして土壌の様子も確認します

このような機械を使い、内部の空洞率を正確に調査することもあります

東京都　世田谷区　共学校

東京学芸大学附属高等学校

Tokyo Gakugei University Senior High School

変化の激しい時代を生き抜く力と本物の学力を培う

School Data

所在地 ▶ 東京都世田谷区下馬4-1-5

アクセス ▶ 東急東横線「学芸大学駅」徒歩15分、東急田園都市線「三軒茶屋駅」徒歩20分

生徒数 ▶ 男子481名、女子503名

TEL ▶ 03-3421-5151

URL ▶ http://www.gakugei-hs.setagaya.tokyo.jp/

- ３学期制
- 週５日制（月に１回、土曜にSSH探究を実施）
- 月・水・木６時限、火・金７時限
- 50分授業
- １学年８クラス
- １クラス約40名

大学受験だけではなく、社会に出てから役立つ本物の学力と、現代社会でたくましく生き抜く力を育てています。従来からの優れた教育内容に加え、今年からは医学部を志す生徒に向けた「医学部ガイダンス」をスタートさせるなど、つねに新しい教育活動も取り入れている学校です。

大野《おおの》 弘《ひろし》 校長先生

本物教育

地理実習

林間学校

野外実習

「本物教育」を実践している東京学芸大附属では、教科ごとの校外での実習や林間学校、芸術鑑賞など、「本物」に触れる機会を数多く用意しています。

深い教養・知識を身につけ国際的な視野を持つ人に

東京学芸大学附属高等学校（以下、東京学芸大附属）は、1954年（昭和29年）に世田谷区の深沢地区と文京区の竹早地区とに分かれて開校されました。1961年（昭和36年）に東京学芸大学が小金井に移転し、跡地である現在地に2つの附属校が統合されました。

「清純な気品の高い人間」「大樹のように大きく伸びる自主的な人間」「世界性の豊かな人間」を育てることを教育方針に掲げています。これを基に、育てたい人間像として掲げられたのが「イノベーターとして国際社会に貢献する、タフで優しい人間」です。

大野弘校長先生は「この言葉を学校改革の中期目標として進めています。具体的には、自分の責任や自分の力を果たすことによって国際貢献できる人。あるいは、世界情勢や日本の社会も激しく変化しているため、その変化に慌てて合わせるのではなく、その変化を予測し、むしろ自分からイノベーションを起こすような人。さらに、国際社会を迎えて、海外に出ればもちろんのこと、日本にいても海外から来る人との交流の場が多くなります。そこには色々な宗教や価値観があるでしょう。そうしたダイバーシティー（多様性）を理解し、受容・共感ができ、多様な価値観を持つ人たちと協力して仕事をしていくような人を育てたいですね」と話されます。

東京学芸大附属の1年次は、附属中学からの中入生と一般の中学から受験して入る高入生、そして帰国生が混合するクラス編成になります。附属中学で先取り学習をしないので、高入生は進度の違いなく学べます。

「本校では1年の春に遠足があり、夏休みには林間学校で新潟県にある妙高寮に泊まります。標高2454mの妙高山登山をして東京学芸大附属高生になる、とも言われます。実習などで校外に出る機会もあり、高入生と中入生はすぐに溶け合って仲間同士になっていきます」（大野校長先生）

カリキュラムは、広い教養の基で深い専門性を育てることを目的として作られています。

1年と2年は芸術以外の全科目が必修であり、全員が数学Ⅱ、数学B、物理、化学、生物、地学、日本史、世界史、地理、現代社会、古典Bを学びます。3年では多彩な選択科目が用意され、各自が必要な科目を選びます。

本物教育でめざす さまざまな資質・能力の育成

東京学芸大附属は、2012年度（平成24年度）からスーパーサイエンスハイスクール（SSH）、2014年度（平成26年度）からスーパーグローバルハイスクール・アソシエイト（SGH—A）の指定を受けています。

SSHでは「イノベーションを創出する理系人材の育成」「科学的理解に基づいて行動できる市民の育成」が、SGH—Aでは「主体的に行動できるグローバル人材の育成」がめざされています。そして、この2つの活動を通して身につけられる

部活動

男子ホッケー部

女子ホッケー部

弓道部

学校行事

辛夷祭(文化祭)

体育祭

マラソン記録会

辛夷《こぶし》祭(文化祭)、体育祭をはじめ、学校行事は生徒主体で運営されるものも多く、だれもが熱心に取り組んでいます。

力として「課題発見能力・課題解決能力・高度なコミュニケーション能力」があげられています。

東京学芸大附属では「資質・能力育成のための本物教育」がめざされており、SSHやSGH—Aにかかわる教育活動は、全校生徒を対象とした取り組みとしてあらゆる教育場面で展開されています。

具体的には、まず各教科で教科行事(フィールドワーク)が多く取り入れられています。1年次の「地理実習」は、地図の見方や地形の構造を学ぶ目的で旧江戸城の周辺を歩きます。「野外実習」は、城ケ島で地形や地層を観察します。2年次には「国立科学博物館」や「東大医科学研究所」を訪れます。

「現代劇鑑賞や古典劇鑑賞も行っています。実習を大切にしているのは、机上で学んだだけではわかりづらいことがあるからです。実際に現物を見ることでより深くわかることがあります」(大野校長先生)

重要な位置づけとして「探究活動」への取り組み

教育活動のなかでとくに重要と位置づけられているのが「探究活動」です。1年次と2年次に全員が必修で、月に1回の土曜日4時間などが使われます。

「まずは現代文Iの授業で論理について学び、演繹《えんえき》法や帰納法の使い方などを指導します。各教科の授業のなかでもテーマ設定の方法や研究の進め方を教えています。生徒は1年次のなかばにテーマを設定し、1年間かけて調査研究をします。研究するのは1人でも2〜3人による共同でもかまいません。テーマは自然科学だけでなく人文科学や社会科学からも選ばれます。発表は口頭発表やポスターセッションです。また、『探究活動』だけでなく、本校ではほぼすべての授業で、生徒間の議論や討論、レポートの提出を行っています。実習のあともレポートを課しています」(大野校長先生)

ほぼ毎月実施される「特別授業」は、大学の教授や研究者などが講演し、生徒たちの科学的理解が深められています。

国際交流では、タイのチュラポーン高校(PCCCR、全寮制の学校)と10数名の生徒の相互交流とホームステイを行っています。また、韓国のガリム高校から毎年生徒、教員合わせて30名以上が来校します。そして「さくらサイエンス・ハイスクー

国際交流

グローバルカフェ

韓国・ガリム高校の生徒受け入れ

さくらサイエンス・ハイスクールプログラム

NICE(Network for Inter-Asian Chemistry Educators)での交流

タイ・チュラポーン高校との交流

長年続くタイ・チュラポーン高校(PCCCR)以外にも、さまざまなプロジェクトでの韓国、中国など複数の国の高校生受け入れ、グローバルカフェの設置などで校内はつねに国際的な雰囲気に包まれており、学習旅行での韓国、タイへの訪問の機会などもあります。

画像提供：東京学芸大学附属高等学校

部活動には９割以上の生徒が所属しています。限られた時間を有効に使い、全国大会や関東大会に出場する部もあります。

ジャズ研究会の保育園でのコンサート

オーケストラ部の演奏会

剣道部

ルプログラム」でアジア諸国から高校生など約１２０名が来校しています。さらに、今年度から学習旅行（いわゆる修学旅行）の行き先をタイ、韓国、関西から自分で選ぶ形に変わりました。

今年度から「医学部ガイダンス」を実施

進路指導では、生徒の進路希望を実現するため、入試改革などの情報収集と対応策が企画され実施されています。ＧＴＥＣが全学年に導入され、ＩＣＴを活用した授業も早くから展開されてきました。センター試験後は講習と個別指導が行われます。

そうしたなかで、とくに力が入れられているのがキャリア教育と進路ガイダンスの充実です。

大野校長先生は「本校には、医学、法曹、メディア、建築、企業経営、外交、行政等々、ほとんどすべての領域にわたり、リーダーたる同窓生がいます。その方々の協力を得ながらキャリア教育を行っています。

さらに、今年度から年２回の『医学部ガイダンス』を始めました。ガイダンスでは臨床医や医学部教授、研究者、医学生などを講師に迎えます。医学部受験の特徴と対策もします。ただ、医学部合格がゴールではありません。合格してから始まる、医学生として、医師としての大変さや厳しさも話してもらうのが特徴です」と説明されます。

中学生に向けては、ここを第１志望とする人にできるだけ来てほしいと考えている大野校長先生。

「本校は部活動や行事に熱心に取り組みながらも、勉強を第一として自分の可能性を最大限に伸ばそうという生徒、自分が興味を持った分野でイノベーションを起こし、国際社会のために貢献しようという意欲のある生徒を求めています。我々はそういう生徒の夢と期待を裏切りません。社会のトップリーダーとして活躍している先輩に続き、本校で学んでみませんか」と語られました。

2018年度（平成30年度）大学合格実績 （ ）内は既卒

大学名	合格者	大学名	合格者
国公立大学		私立大学	
北海道大	10(5)	早稲田大	155(74)
東北大	3(1)	慶應義塾大	114(42)
筑波大	8(4)	上智大	37(16)
お茶の水女子大	7(2)	東京理科大	87(61)
東京大	49(27)	青山学院大	26(10)
東京医科歯科大	6(1)	中央大	55(33)
東京学芸大	6(0)	法政大	27(17)
東京工業大	9(3)	明治大	86(41)
一橋大	21(5)	立教大	31(14)
京都大	7(2)	学習院大	7(5)
大阪大	4(4)	津田塾大	12(6)
その他国公立大	72(37)	その他私立大	188(104)
計	202(91)	計	825(423)

School Navi
No. 293

東京都　町田市　共学校

桜美林《おうびりん》高等学校

School Data

所在地	東京都町田市常盤町3758
生徒数	男子501名　女子651名
TEL	042-797-2667
URL	http://www.obirin.ed.jp/
アクセス	JR横浜線「淵野辺駅」、京王線・小田急線「多摩センター駅」スクールバス

自己表現のできる国際人の育成

桜美林高校（以下、桜美林）は1921年（大正10年）に中国・北京で創立された崇貞学園から始まり、開校以来「キリスト教主義にもとづく国際人の育成」を建学の理念に掲げてきた、2019年に創立98年を迎える伝統校です。

学ぶ目的は立身出世のためにあるのではなく、広く世界の人々に奉仕するためにあるという考え方から「学而事人（学びて人につかえる）」をモットーにしています。

桜美林がめざす国際人とは、さまざまな国のなかで意思疎通ができる能力を持ち、「違い」を尊重し対応する能力を身につけた人をさします。そのために英語はもちろん、中国語や韓国語などもカリキュラムに加え、国際交流を積極的に取り入れることで自己表現のできる国際人を育みます。

1年間の長期留学や夏休み、春休みを利用した短期留学によって英語圏をはじめ、フィンランド、スイス、ブラジル、アジア各国へ行き、普段の授業からは得られない貴重な体験をすることができます。姉妹校として世界3カ国5校と年間を通じて相互交流があり、グローバルな感性を磨く教育を行っています。

1人ひとりの夢に寄り添ったバックアップ体制

桜美林では「いのちの学習」「平和学習」をはじめ、キャリア学習など1人の人間として自分を見つめ、どのように生きるかを考える学習も多く組まれているのが特徴です。

そうした学習と並行して、難関大学の受験科目に応じた講座やセンター試験対策などの補習も数多く用意し、第1志望合格をめざしています。なかでも、個別の面談などで1人ひとりの夢に温かく寄り添うバックアッププログラムの充実が特筆すべき点です。担任をはじめ進路指導部など多くの教員がチームを組み、入試まで生徒、保護者に向けて適切なアドバイスをしていきます。

そのほか、さまざまな大学をめぐるキャンパスツアー、夏期講習、センター試験直前講習などを取り入れることで、生徒1人ひとりの将来を応援していきます。

4万冊を超える蔵書を持つ図書館をはじめ、各種スポーツ施設、マルチメディア室といった万全の設備を整えた緑豊かなキャンパスで、自身の未来を見つめた充実した学校生活を送ることができるでしょう。

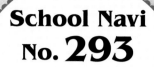

School Navi
No. 294

千葉県　松戸市　女子校

聖《せい》徳《とく》大《だい》学《がく》附《ふ》属《ぞく》女《じょ》子《し》高等学校

School Data

所在地	千葉県松戸市秋山600
生徒数	女子394名
TEL	047-392-8111
URL	https://www.seitoku.jp/highschool/index.php
アクセス	北総線「秋山駅」「北国分駅」徒歩10分、JR常磐線・新京成線「松戸駅」、JR武蔵野線・北総線「東松戸駅」、JR総武線「市川駅」、京成線「市川真間駅」バス

新たな２つのコースが誕生

聖徳大学附属女子高等学校（以下、聖徳大女子）は、和の精神を大切に、「自ら人生を切り拓き、希望を持って生きる力」を持った女性を育てることをめざしています。

聖徳大女子には普通科と音楽科の2科が設置されており、２０１９年度から、普通科は新たにS探究コースとLAコースの2コース編成となります。

S探究コースは、そのコース名があらわす通り、「探究」を柱とした教育を展開します。さまざまな教科において興味ある課題を見つけ、調べて自分の考えをまとめ発表するという課題発見と課題解決を繰り返していくことで、学力を高めるとともに、自己実現をするための力を養っていきます。

LAコースのLAとは「Language Arts」のことで、言語スキルの向上をめざします。学校生活のあらゆる場面で英語を使い、コミュニケーション力やプレゼンテーション力を磨いていきます。英語が得意な生徒ばかりではなく、苦手な生徒も英語で表現することの楽しさを実感し、英語を好きになれるような学びを展開していきます。

一方、音楽科には専攻コースと吹奏楽コースがあります。どちらもレッスン室や練習室、広々とした奏《そう》楽《がく》堂《どう》（ホール）といった施設を活用しながら、専門家から個人レッスンを受けられるなど、恵まれた環境で技術と表現力を伸ばすことができます。

「和の心」を学ぶ独自のプログラム

聖徳大女子では、「和の心」を育むために、3年間を通じて小笠原流礼法を学びます。礼法の歴史や、立ち居振る舞い、抹茶の作法、和服の着用についての知識などを身につけていきます。毎日、全生徒と教員が食《じき》堂《どう》でクラスごとに会食スタイルの給食をとっているのも聖徳大女子の特徴で、その際も礼法の授業で身につけた食事のマナーが活かされます。

このほか、日本の伝統文化である書道を学んだり、一流のアーティストによるコンサートで本物の芸術に触れたり、すべての授業でiPadを活用しICTスキルを身につけたりと、さまざまなプログラムが用意されています。

こうした教育により、聖徳大学附属女子高等学校の生徒たちは、生涯にわたって学び続け、自己実現していける女性へと成長していきます。

布施《ふせ》 洋一《よういち》 校長先生

School Data

◆**所在地**
東京都新宿区戸山3-19-1

◆**アクセス**
地下鉄副都心線「西早稲田駅」徒歩1分、JR山手線・西武新宿線・地下鉄東西線「高田馬場駅」徒歩12分、都営大江戸線「東新宿駅」徒歩13分

◆**TEL**
03-3202-4301

◆**生徒数**
男子528名、女子479名

◆**URL**
http://www.toyama-h.metro.tokyo.jp/

- 3学期制
- 週5日制（年20回、午前4時間の土曜授業あり）
- 6時限　● 50分授業
- 高2は9クラス、高1・高3は8クラス
- 1クラス約40名

FOCUS ON

東京都立 戸山高等学校

TOKYO METROPOLITAN TOYAMA HIGH SCHOOL

「総合力」を身につけ国際社会に貢献するトップリーダーへ

都立高校で最初にSSHに指定された東京都立戸山高等学校は「知の探究」をスローガンに、「総合力」を養う教育を実践してきました。近年は医学部進学をめざす取り組みとして「チームメディカル」がスタートし、新たな「探究活動」も計画されるなど、さらなる進化の兆しを見せています。

モットーは「知の探究」 幅広い知識・教養を育む

1888年（明治21年）に麹町区飯田町に開校した補充中学校を始まりとする東京都立戸山高等学校（以下、戸山）。130年以上の歴史を誇る伝統校で、進学指導重点校、スーパーサイエンスハイスクール（SSH）、英語教育推進校、チームメディカルに指定されています。

布施洋一校長先生は、「教育目標に『国際社会に貢献するトップリーダーの育成』を掲げ、『知の探究』というキャッチフレーズのもと、幅広い知識・教養＝『総合力』を養っているのが本校の特色です。さらに最近は、生徒の『主体性』を伸ばすことにも注力しています。

本校の生徒は、あらかじめ決められたことに率先して取り組む『自主性』は身についていると感じますが、『主体性』については、必ずしも十分備わっているとは言い難い状況です。『主体性』とは、なにをするか決まっていない状況から、自分でやるべきことを見つけ、責任をもって行動していける力のことです。

これからの世の中は、この『主体性』の重要度がどんどん高まってくると思います。ですから我々教員は、生徒の主体性を伸ばすにはどうすればいいか、日々試行錯誤を重ねています」と話されます。

「学びの地図」をもとに 3年間で教養を深める

総合力の養成をめざす戸山では、3年間文理分けを行いません。高1・高2は芸術科目以外は共通履修、高3は一部必修科目を除き、選択科目のなかから自由に授業を選びます。3年間を通じて、社会は世界史・日本史・地理・政治経済・倫理、理科は物理・化学・生物・地学すべてを学ぶのも特徴的です。

「勉強だけでなく、部活動や行事にも熱心に取り組む生徒が多く、昼食後の空き時間に友だちと集まって勉強するなど、スキマ時間をうまく活用している様子が見られます。そんな生徒たちを応援するために、各教科の準備室や職員室の前に机を設置し、教員に質問しやすい環境作りを工夫しています。

また、学年ごとに『年間授業計画』という冊子を配っています。これは『学びの地図』のようなもので、読めば戸山での学びがすべてわかるようになっています。学校として『こ

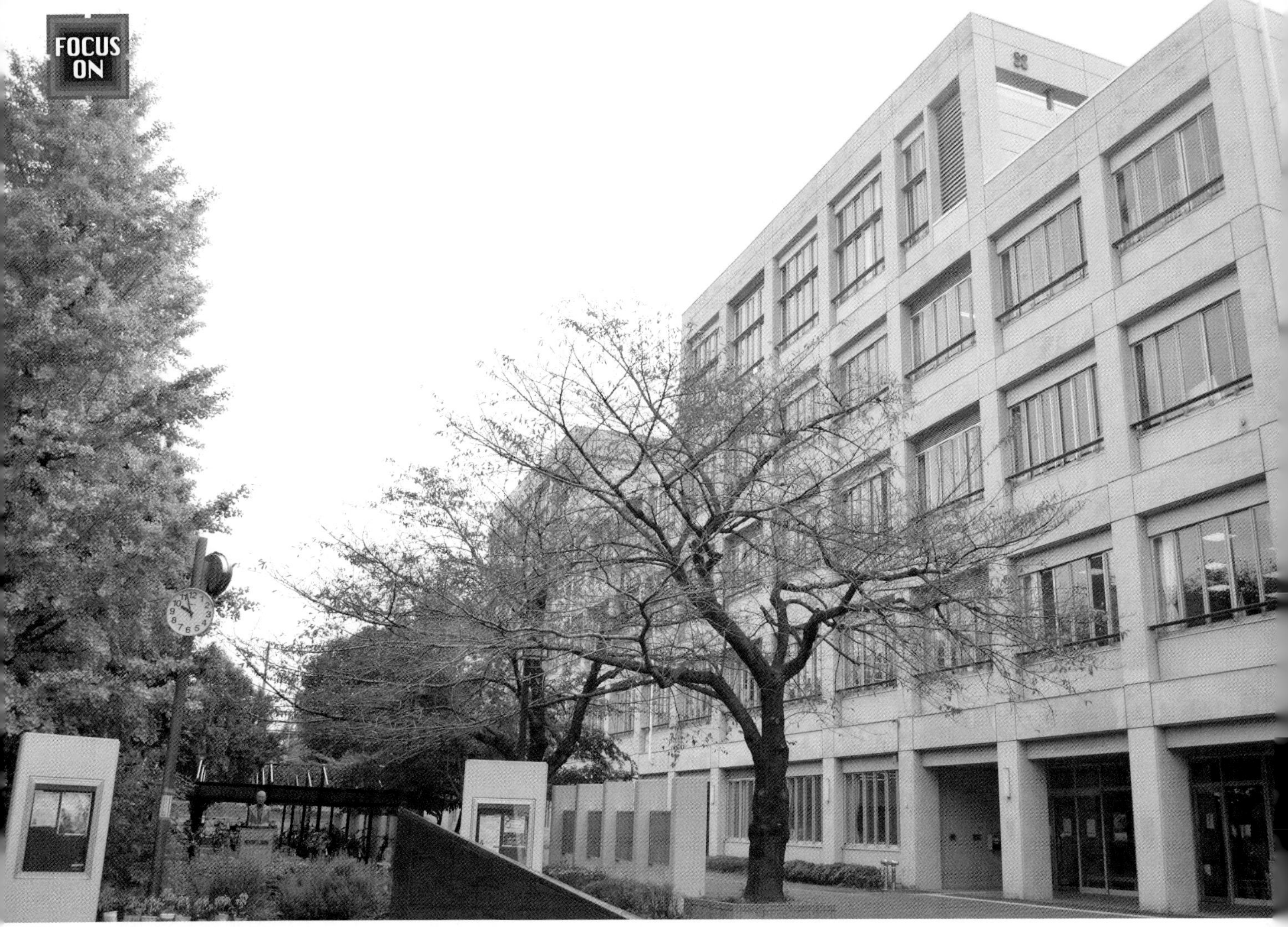

んな学びを保証します』という決意を表わすとともに、生徒に対しては『これだけの力を身につけてほしい』という期待も込めています」（布施校長先生）

なお、夏休みには夏期講習として3学年合計、約120もの講座を開講。例えば高3向けには、入試に直

施設

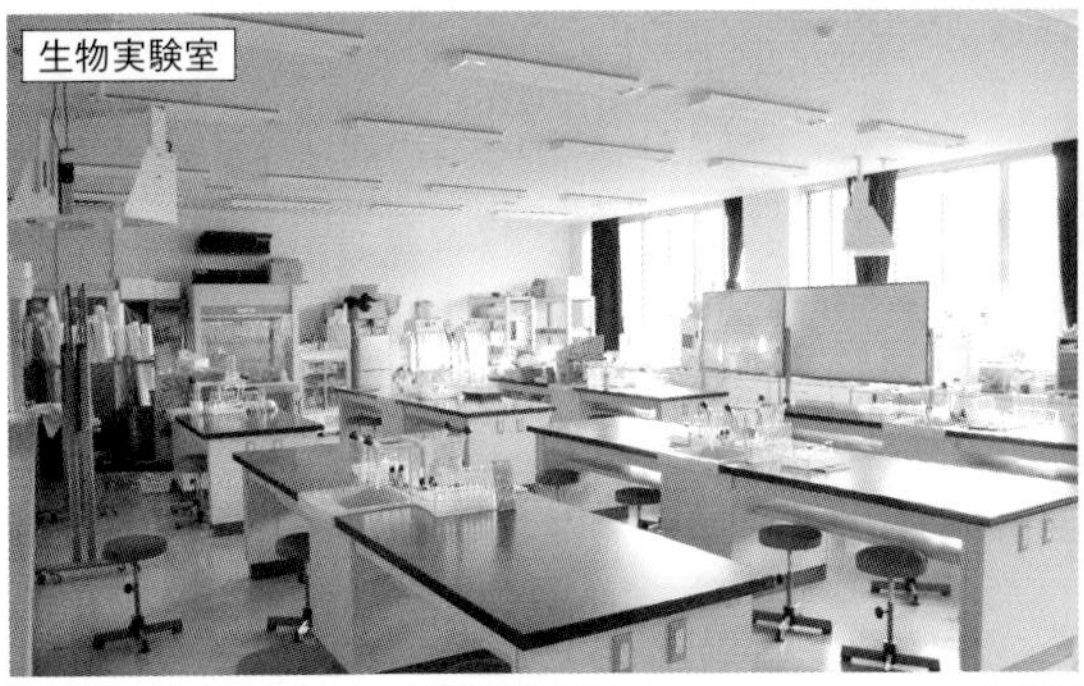
生物実験室

生物講義室

階段広場

講堂

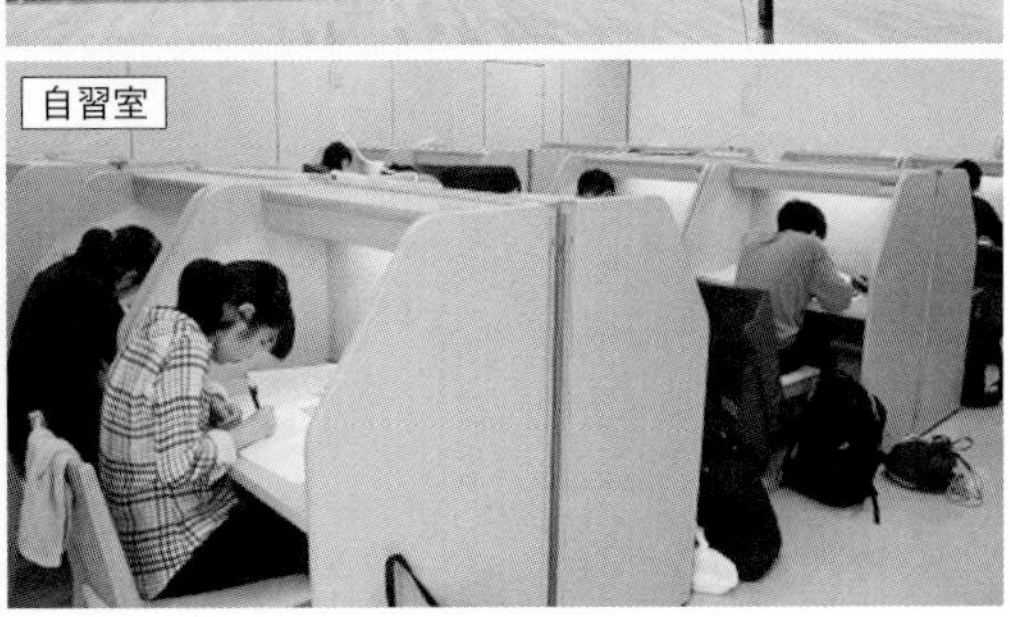
自習室

「憩いの場として生徒から好評の『階段広場』、約350名収容可能な『講堂』など、本校独自の施設があります。また、理科室はそれぞれ実験室と講義室を用意するなど、理科系施設も充実しています」（布施校長先生）

結する「センター試験対策」「国公立二次対策」「難関私大過去問演習」などを開講しています。

理数教育や英語教育に注力 医学部進学支援体制も整う

戸山では現在SSH4期目の指定に向けて準備を進めており、来年度からさらに取り組みを充実させます。まず、1学年に2クラスずつあるSSHクラスでは、これまで「SSHⅠ（高1）」「SSHⅡ（高2）」で、数学・物理・化学・生物・地学の5コースから1つを選択し、課題研究、発表を行ってきましたが、来年度から情報コースが加わり、全6コースからの選択になります。

一方、一般クラスは来年度から学校設定科目「知の探究」を設けます。城ケ島での「地学巡検」（高1）で探究活動の基礎を学んだうえで、高2で実際に探究活動に取り組み、成果を論文にまとめて発表します。

「探究テーマは『海洋』か『SDGs』※1にまつわるものを考えてもらいます。探究を通して得た力は、大学入学後に役立つでしょう。もちろん『アメリカ研修』『オーストラリア研修』（SSHクラス）、教科融合型の『リレー授業』、外部講師による『理数講演会』（一般クラス）なども続けます」（布施校長先生）

そして、戸山を語るうえで欠かせないのが「チームメディカル（以下、TM）」における取り組みです。これは東京都が推進する医学部進学希望者支援事業で、戸山は現在唯一の指定校です。TMは各クラスから募った希望者で構成され、土曜日の放課後や夏休みなどに色々なプログラムを体験します。

例えば医学部進学に向けた指導として、医学部入試へ向けた面接・小論文指導や個別の学習指導など、医師として働くためのキャリア教育として、病院や大学の医学部・医学研究所の見学や体験、医療に関する課題研究などを行っています。

「これらのプログラムも魅力ですが、TMを結成する一番のメリットは仲間ができることです。医師になりたい気持ちはあっても、3年間その気持ちを維持するのはなかなか大変です。しかし仲間がいれば、仲間の存在が精神的支えとなり、ともに頑張り続けることができるでしょう。TMは名前通り『チーム』として医学部の進学をめざすことを狙いとしています」（布施校長先生）

また、英語教育推進校の戸山では、

※1 Sustainable Development Goals（持続可能な開発目標）の略称で、国連加盟国が2016年から2030年までの達成をめざして掲げた17の国際目標のこと

学習の様子

授業

SSH・海外研修

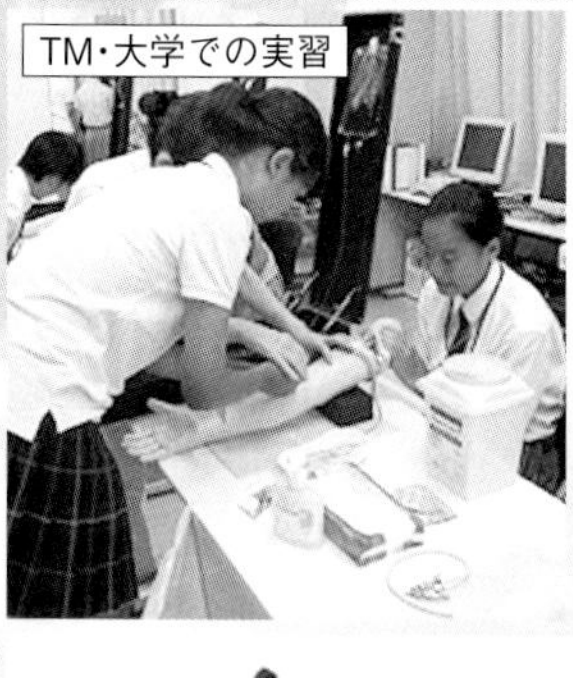
TM・大学での実習

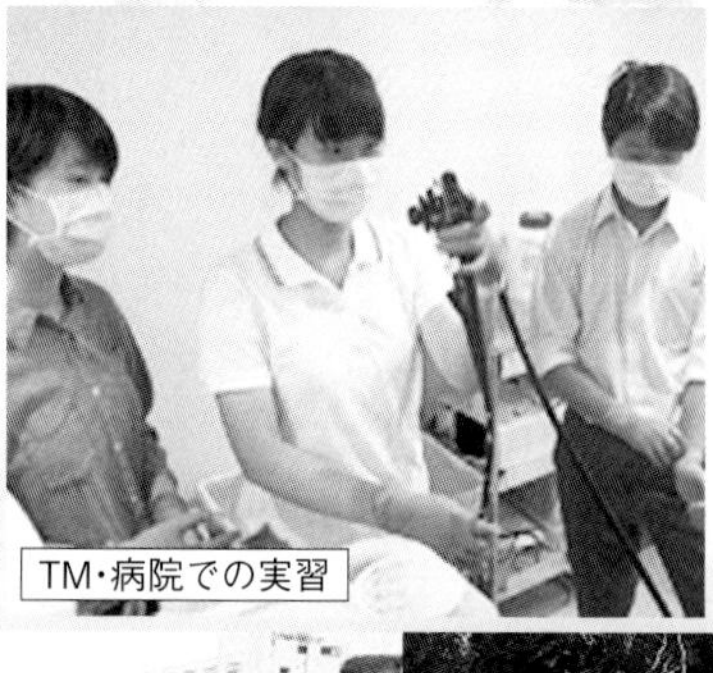
TM・病院での実習

SSH・生物コースでの磯の生物観察会

SSH・リケジョ発表会

地学巡検

SSHやTMなど、特色ある取り組みを行っている戸山。これまで地学の授業の一環として実施してきた「地学巡検」を、来年度からは探究学習の一環として組み込みます。

学校行事

クラスマッチ

修学旅行

HR合宿

戸山新宿対抗戦

戸山祭

入学式

運動会

高1が展示、高2が演劇、高3が映画制作を行う戸山祭（文化祭）をはじめ、運動会やクラスマッチなど、生徒1人ひとりが行事にも全力で取り組んでいます。こうした多彩な行事に加え、都立新宿高との対抗戦も伝統的に行われており、各種スポーツで勝敗を競いあいます。

一部画像提供：東京都立戸山高等学校

英語力強化のためにオンライン英会話を実施するなど、英語教育にも力を入れています。2名のJET青年[※2]の協力のもと、SSHやTMの研究発表を英語で行うこともあります。

教員や卒業生の手厚いサポート

進学指導は、「教員同士の情報共有を大切にしています」と布施校長先生が話されるように、担任、進路担当、教科担当、各学年主任がこまめに情報共有し、生徒1人ひとりの現状を細かく把握したうえで指導にあたります。模試については、模試成績分析ソフトを全教員のパソコンに導入し、分析結果をもとに月に2回進学対策会議を実施。そこで見つけた問題点に対して、教員が連携しながら対策を講じていきます。

「卒業生の協力も大きな力になっていて、卒業生のチューターが、おもに定期試験前に来校し、勉強のこと、学校生活のこと、進路のことなど、さまざまな悩みについてアドバイスをしてくれています。

そのほか、クラブ活動の指導に来た卒業生に色々相談に乗ってもらうこともあるようです。こうした光景を見ていると、学校のありとあらゆる場でキャリア教育が行われていると感じます」（布施校長先生）

さらに高1と高2向けには「卒業生講演会」を開催しています。高1はそれぞれ異なる分野で活躍する社会人から仕事の話を、高2は現役大学生から大学での生活や高校時代の勉強について話を聞きます。

このように多彩な取り組みを実践し、個性豊かな卒業生を輩出している東京都立戸山高等学校。最後に布施校長先生は、「幅広い分野について学ぶという本校の特色を理解し、その教育に魅力を感じる方に来ていただきたいです。色々なことに興味を持ち、学びたいという意欲がある方は、本校に来ればきっと伸びるはずです」と語られました。

※2 語学指導等を行う外国青年招致事業である「JETプログラム」によって派遣された青年

2018年度（平成30年度）大学合格実績 （ ）内は既卒

大学名	合格者数	大学名	合格者数
国公立大学		私立大学	
北海道大	10(4)	早稲田大	117(49)
東北大	8(3)	慶應義塾大	59(33)
筑波大	11(3)	上智大	34(17)
千葉大	17(6)	東京理科大	68(19)
東京大	11(6)	青山学院大	18(4)
東京学芸大	6(2)	中央大	63(29)
東京工大	7(1)	法政大	56(22)
東京農工大	20(4)	明治大	115(47)
一橋大	9(3)	立教大	47(23)
横浜国立大	9(3)	学習院大	12(5)
京都大	5(3)	国際基督教大	2(1)
その他国公立大	60(21)	その他私立大	268(93)
計	173(59)	計	859(342)

和田式教育的指導

「後伸び」できるチャンス！
最も気を抜いてはいけない時期

年が明ければ受験はもう目の前。
この時期は勉強に集中することで大きな効果が生まれます。
しかし、年末年始は気がゆるみがちになったり、うっかり風邪をひいたりする要注意な時期でもあります。
それまでの力が倍増する「後《あと》伸《の》び」をぜひ味方につけてください。

受験勉強の「後伸び」とは

年末年始は、追い込みに入る受験生にとって大事な時期です。この時期をどう過ごすかが合否に大きな影響を与えます。しかし、年末年始はクリスマスやお正月など楽しいイベントが重なる時期でもあり、ついだらけてしまいがちです。

ここでの気のゆるみは禁物ですが、伸び悩んでいた人には逆転するチャンスでもあります。それが短期間での急激に伸びる「後伸び」です。受験勉強では、これからの頑張りで「後伸び」する人が案外多いのです。その理由には、勉強を続けてきたことで自分に合う勉強法を実践できるようになったこと、問題を解くスピードや集中力のアップ、といった要素があります。この「後伸び」を身につけることが受験への決め手となります。

スピード・時間・密度 実感できる「後伸び」

例えば、春には英語の長文を読むのに1時間かかっていた人が、入試直前になると20分で読めてしまうことがあります。数学も、解答のストックが増えてくるにしたがって解くスピードが速くなることがあります。

全体的な印象では、春の時点より2倍くらいのスピードになっていることが多いと思います。

また、夏休みには1日10時間勉強しようと思っても、実際は6時間しかできなかったということはよくあります。

しかし、あと1カ月のこの時期は、受験直前で気合が入っているうえに、追い立てられているので、12～14時間は集中して勉強できます。勉強時間も2倍以上になります。

さらに、夏は試験にあまり出ない部分も含めて勉強していますが、この時期になれば志望校も決まり、受験校の過去問に合わせた勉強をするため、勉強内容の密度はさらに濃くなっています。数値化は難しいですが、こちらもおそらく2倍以上密度の濃い内容となっているのではないでしょうか。

和《わ》田《だ》秀《ひで》樹《き》

1960年大阪府生まれ。東京大学医学部卒、東京大学医学部附属病院精神神経科助手、アメリカのカールメニンガー精神医学校国際フェローを経て、現在は川崎幸病院精神科顧問、国際医療福祉大学心理学科教授、緑鐵受験指導ゼミナール代表を務める。心理学を児童教育、受験教育に活用し、独自の理論と実践で知られる。著書には『和田式　勉強のやる気をつくる本』(学研教育出版)『中学生の正しい勉強法』(瀬谷出版)『[改訂新版]学校に頼らない 和田式・中高一貫カリキュラム』(新評論)など多数。初監督作品の映画「受験のシンデレラ」がモナコ国際映画祭グランプリ受賞。

春と比べ8倍勉強できるだからこそ気を抜けない

このように、直前期の受験勉強は、「勉強スピード」、「1日の勉強時間」、「志望校に合わせた勉強内容」のそれぞれが2倍以上向上しています。つまり、希望的観測でいえば、2倍×2倍×2倍で、春の時期と比べて8倍勉強できることになります。これは、1日が春の時点の8日ぶんの勉強に相当すると考えられますし、残り1カ月しかなくても、8カ月あるとも考えられるのです。

しかし、逆に言えばこの時期に気を抜いてはいけません。お正月などはほかの人が浮かれて遊んでいても、勉強しなくてはいけません。8倍の効果と言いましたが、逆にこの時期に1日でも勉強を休むと8日休むことになるからです。8倍のマイナス部分も考えて行動してほしいのです。初詣に行くくらいはいいと思いますが、それでも人混みに出かけることで風邪を引く可能性も高まります。この時期は、1日1日を大事にしてください。

和田先生に聞くお悩み解決アドバイス

Q　友だちといっしょに勉強しても大丈夫？

A　いい面、悪い面の両面あり結果で判断しよう

これはいい面と悪い面の両面があります。例えば私が高校生のころ、友人と問題の出しあいをして競い、勝ったらなにかをおごってもらえるというゲーム的な勉強をしていたことがありました。そうなると、出題する方はなるべく相手が答えられない、盲点を突くような問題を作れるように熱心に勉強をしました。その結果、1人で勉強するよりもずっと理解が深まることにつながったのです。

また、友だちと勉強し互いに教えあうことはとてもいい効果があります。相手に教える行為は自分のなかの記憶を定着させるのにいい方法ですし、教えることでアウトプットのトレーニングにもなります。

ただ、つい無駄話をしてしまうこともありますし、1人の方がやりやすい人もいます。ですから、友人との勉強が効果的かどうかは結果で判断するしかないのです。いっしょに勉強して成績があがったならその方がいいわけですし、下がったならやめた方がいいでしょう。

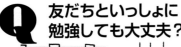

21世紀型教育を学ぶ「教育学部」いま注目の新しい学びを実践する開智国際大学

２０１７年４月にスタートした千葉県柏市の開智国際大学「教育学部」は、学生が主体的に学ぶ探究型授業と大学１年生からの併設校でのインターンシップなど、最先端の21世紀型教育を推進し、教育関係者や高校生から注目を浴びています。

首都圏の国立大学教育学部と教育現場の管理職などから多くの教員を招聘《しょうへい》した、今までにない新しい「教育学部」の魅力と教育実践を取材しました。

（取材・SE企画）

激変する社会に対応できる21世紀型の教育が必要

千葉県の柏駅からバスに乗り約10分の「柏学園前」で降りると、緑の森の中に落ち着いた佇まいの開智国際大学のキャンパスが見えてきます。出迎えてくれたのが、２０１６年に東京学芸大学から着任した坂井俊樹教育学部長。

教育学部を新設した理由を尋ねると「グローバル化やＡＩ・ロボットの進歩で世界が大きく変ります。この変化に対応するために、学校の教育は『教えてもらう学び』から文部科学省が推進しようとする『主体的・対話的で深い学び』に変わらなければなりません。いわゆる21世紀型教育です。今までの教育学部では、このような指導のできる教師を育てる仕組みや授業が十分ではないので、新しい教育学部を創ることにしました」と熱く語ってくれました。続けて「開智国際大学の併設小、中、高等学校では以前から探究型教育を行い、生徒が主体的に学び、創造力やコミュニケーション力をつける授業や行事を行ってきました。これらの併設校で大学1年生から学校インターンシップを行うことで、探究型の児童・生徒主体の授業がどのようなものであるかを体験し探究してもらいたい。そして探究型の『主体的・対話的で深い学び』がなぜ必要なのか肌で感じてもらったうえで、大学での授業や学びに全力で取り組み、21世紀型の授業が実践できる教師を育てていきたい。このように育てた教師は日本のどの学校へ赴任しても『主体的・対話的で深い学び』の指導ができ、社会がどのように激変しようとも変化に対応できる生きる力を持った人材を育てることができるからです」と坂井教育学部長は詳しく説明してくれました。

21世紀型教育を指導できる教師の育成

開智国際大学の学生は21世紀型の新しい教育をどのように学んでいるのか。公立学校の校長を歴任し、学校インターンシップなどの責任者でもある土井雅弘准教授に伺いました。

「まず大学での授業を講義形式から教員と学生の双方向型の『主体的・探究的で深い学び』に変えました。授業ではＰＩＬ型授業という講義の中に教員と学生の対話を取り入れ、また学生同士が協働型で調べ、論議し、発表する探究型授業を多くしました。特徴的なこととして、小学校教員養成課程では開智望小学校でのインターンシップに参加しています。運動会では教師と共に運動会の運営に参加し、夏休みには学校で行っている学童保育にアルバイトとして参加し、子供たちと一緒に遊び、実験の補助や自然観察など様々な活動を行っています。

2学期には、探究発表会という子供たちがテーマを決めて探究した研究発表会を見学しました。授業見学会では、学生たちは子供たちが教師の指導をもとに主体的に学んでいることを参観し、〝これからの授業はこのように変わっていくのだという事が理解できた〟とインターンシップ報告会で学生が説明してくれました。

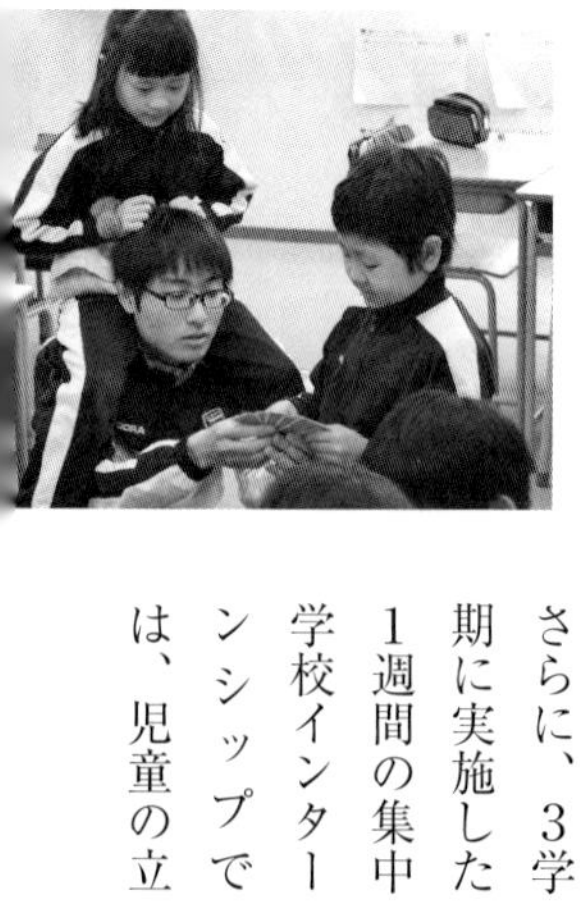

さらに、3学期に実施した1週間の集中学校インターンシップでは、児童の立

場になったつもりで授業に参加し、教師が行う『子供たちが主体の授業』とはどのように進められるのか学びました。

中等教育教員養成課程の学生も大学1年次から開智日本橋学園中学・高等学校でインターンシップが始まり、授業参観や文化祭にも参加しました。3学期は1週間にわたりオールイングリッシュの授業やグループワークを中心とした授業に参加し、中高の授業を体験しました。現在、多くの教育学部では大学1年次からインターンシップを実施する大学はありません。本大学は1年次からインターンシップを始めるので、大学で何を学び、どんなスキルを身につけていかなければならないかが早く分かるので、全力で授業に参加する学生が多くなっています」と語ってくれました。

教授や先生方との距離が非常に近い少人数教育

最後に開智国際大学の特徴を北垣日出子学長に伺いました。

「一番の特徴は少人数教育です。教育学部は、小学校教員養成課程と中学校・高等学校教員養成課程に分かれて授業を行い、多くの授業が20名以下で行われます。教員が学生全員を熟知して授業をしていますから、学生も高い意識を持って集中して勉強しています。

次に、教授陣が新しい教育学部を創ることに燃えていることです。社会科教育専門で学部長の坂井教授は、2016年まで東京学芸大学で教鞭《きょうべん》をとられていました。附属校の校長を兼任されていたこともあり、学校現場も、教育研究についても長けておられ、理想の教員養成を行うために先頭に立って、教育学部の授業や教職センターの運営に力を注がれています。九州大学から着任された教育行政専門の八尾坂修教授、千葉大学から来られた算数教育学専門の島田和昭教授、茨城大学で教鞭をとられていた体育教育専門の岡本研二教授をはじめ、小学校校長を歴任された先生方などベテランの教授陣がそろい、一丸となって学生指導にあたっています。

また、大学1年次から教員採用試験対策講座を設けており、多くの学生が受講しています。2年次からは教員採用試験問題に取り組みながら、教科指導の基礎力をつけています。さらに、学生が生徒になった模擬授業を、希望者を募って随時行っています。このように教師も学生も熱く燃えています。

一方、優秀な学生に入学してもらうために、特待生制度を他大学よりはるかに充実させました。2018年度の入学者のうち4年間の授業料が国立大学より低額になる特待生が、教育学部では40%を超えています。2019年度も特待生試験や大学入試センター試験利用入試の特待生など合わせて、72名定員のうち30名前後の特待生が入学できるように計画しています。そのため、大学入試センター試験利用入試の受験料は1000円と破格になっています」と北垣学長も熱く語ります。

優れた教授陣が21世紀型教育を少人数で指導する開智国際大学の教育学部。2019年の入学希望者はすでに2018年の倍以上という、まさにパワーと情熱あふれる魅力の詰まった学部の今後が楽しみです。

開智国際大学　2019年度入試日程

入試形式	期別	試験日	出願期間	合格発表	入学手続締切日
公募推薦入試	Ⅲ期	3月5日(火)	2月18日(月)～3月1日(金)	3月8日(金)	3月14日(木)
特待入試	Ⅱ期a	2月6日(水)	1月8日(火)～2月1日(金)	2月8日(金)	2月18日(月)
	Ⅱ期b				3月14日(木)
	Ⅲ期	3月14日(木)	1月8日(火)～3月12日(火)	3月15日(金)	3月22日(金)
一般入試	Ⅰ期	1月26日(土)	1月8日(火)～1月22日(火)	1月30日(水)	2月18日(月)
	Ⅱ期	2月6日(水)	1月8日(火)～2月1日(金)	2月8日(金)	2月28日(木)
	Ⅲ期	2月19日(火)	1月8日(火)～2月14日(木)	2月22日(金)	3月6日(水)
	Ⅳ期	3月5日(火)	1月8日(火)～3月1日(金)	3月8日(金)	3月14日(木)
	Ⅴ期	3月14日(木)	1月8日(火)～3月12日(火)	3月15日(金)	3月22日(金)
大学入試センター試験利用入試＜特待選考＞＜一般選考＞	Ⅰ期a	大学独自の試験は行いません	12月25日(火)～1月18日(金)	2月6日(水)	2月13日(水)
	Ⅰ期b				2月28日(木)
	Ⅱ期		1月21日(月)～2月19日(火)	2月7日(木)～2月23日(土)随時	3月14日(木)
	Ⅲ期		2月20日(水)～3月13日(水)必着	2月25日(月)～3月15日(金)随時	3月22日(金)

※入試詳細(入学手続期間、出願資格、選考方法等)については募集要項を参照してください。
※期別のa、bは入学手続締切日が異なります。aは優遇します。

開智国際大学

〒277-0005 千葉県柏市柏1225-6
URL: http://www.kaichi.ac.jp

LINE　大学HP

■最寄り駅
JR常磐線・東武アーバンパークライン「柏」駅

■併設校
開智小学校・中学校・高等学校、開智未来中学・高等学校、開智日本橋学園中学・高等学校、開智望小学校

教育評論家 正尾佐の

高校受験指南書

【百四拾伍の巻】
2018年に出た難しい問題1

国語

この連載講座も、いよいよ最後のシリーズに入ることになる。「今年（2018年）出た基礎問題」が最初のシリーズだったね。そして、最後は「2018年に出た難しい問題」シリーズだ。

まず最初は国語で、渋谷教育学園幕張の問題を取り上げよう。

次の文章を読んで、後の問いに答えなさい。

（*1）小野宮《をののみや》右大臣《うだいじん》とて、世には賢人右府《うふ》と申す。若くより思はれけるは、身にすぐれたる才能なければ、なにごとにつけても、その徳あらはれがたし。まことに（*2）賢人を立てて、名を得ることをこひねがひて、ひとすぢに①廉潔の振舞をぞし給ひける。かかれどⅠ人さらに許さず。かへりてあざけるたぐひもあるほどに、あたらしく家を造りて、（*3）移徙《いし》せられける夜、火鉢なる火の、御《み》簾《す》のへりに走りかかりけるが、やがても消えざりけるを、しばしa見給ひけるほどに、やうやうbくゆりつきて、次第に燃え上がるを、人（*4）あさみて寄りけるをc制して、②消さざりけり。火、大きになりける時、笛ばかりをd取りて、「車寄せよ」とて、出で給ひにけり。いささか物をも取り出づることなし。

これより、おのづから賢者の名あらはれて、帝よりはじめ奉りて、ことのほかに感じて、もてなされけり。③かかるにつけては、げにも家一つ焼けむこと、かの殿の身には④数にもあらざりけむかし。

ある人、のちにそのゆゑを尋ね奉りければ、「わづかなる走り火の、思はざるに燃え上がる、ただごとにあらず。天の授くる災なり。人力にてこれを（*5）きほはば、これより大きなる身の大事出で来べし。なにによりてか、あながちに家一つを惜しむにたらむ」とぞいはれける。

そののち、ことにふれて、かやうの振舞、たえざりければ、つひに賢人といはれてⅡやみにけり。のちざまには、（*6）鬼神の所変なども見あらはされけるとかや。

好㆓正直㆒与不㆑廻而

精誠通㆓於神明㆒

正直を好みて廻《よこしま》ならざれば、（*7）精誠、神明に通ず

と、（*8）曹大家《さうたいこ》が東征《とうせい》の賦《ふ》に書ける、今思ひ合せられて⑤いみじ。

かかればとて、Ⅲいやしからむたぐひ、このまねをすべきにあらねども、ほどほどにつけて、⑥「賢の道、ひとしからむことを思へ」となり。

（『十訓抄』による）

《注》

*1 小野宮右大臣……藤原実《さね》資《すけ》。平安中期の貴族。「賢人右府」の「右府」とは右大臣のこと。

*2 賢人を立てて……賢人の振る舞いをして。

*3 移徙……引っ越し。

*4 あさみて……驚きあきれて。

*5 きほはば……対抗するならば。

*6 鬼神の所変……鬼や神霊が人間を惑わそうとして姿を変えたもの。

*7 精誠、神明に通ず……誠心は神に通じる。

*8 曹大家が東征の賦……後漢の女性歴史家である班昭が、我が子が東方の任地に赴く際に作った韻文のこと。

この問題文の内容を理解するために、まず現代語に言い換えよう。

小野宮右大臣とて、世には賢人右府と申す。

↓小野宮右大臣といって、世間では賢人右府と申した（人がいた）。

若くより思はれけるは、身にすぐれたる才能なければ、

↓若いころから思っていたのは、「自

分には秀でた学才も能力もないので、

なにごとにつけても、その徳あらはれがたし。

↓何事についても、そのすばらしさが現われにくい。

まことに賢人を立てて、名を得ることをこひねがひて、

↓実際に賢人の振る舞いをして、（実資さんは賢人だと）有名になることを切望して、

ひとすぢに廉潔の振舞をぞし給ひける。

↓ひたすら清廉潔白な行いをなさった。

かかれど人さらに許さず。

↓けれども世間の人はまったく（実資を賢人だとは）認めない。

かへりてあざけるたぐひもあるほどに、

↓かえって（実資を）嘲《あざけ》る人たちもいるうちに、

あたらしく家を造りて、移徙せられける夜、

↓新しく家を建てて、引っ越しなさった夜、

火鉢なる火の、御簾のへりに走りかかりけるが、

↓火鉢の火で、御簾の端に飛びはねてかかった火が、

やがても消えざりけるを、しばし見給ひけるほどに、

↓そのまま消えなかったのを、しばらくご覧になっているうちに、

やうやうくゆりつきて、次第に燃え上がるを、

↓次第に煙をあげて、だんだん燃え上がるので、

人あさみて寄りけるを制して、消さざりけり。

↓他の人が驚きあきれて（火に）近寄ったのを制止して、消さなかった。

火、大きになりける時、笛ばかりを取りて、「車寄せよ」とて、出で給ひにけり。

↓火が大きくなったとき、笛だけを取って、「牛車をこちらへ」と言って、（それに乗って）外へ避難なさった。

いささか物をも取り出づることなし。

↓少しも物品を取り出すことはない。

これより、おのづから賢者の名あらはれて、

↓これ以来、自然と賢者だという名声が高まって、

帝よりはじめ奉りて、ことのほかに感じて、もてなされけり。

↓帝をはじめといたしまして、格別に感動して、（実資を賢人として）待遇なさった。

かかるにつけては、げにも家一つ焼けむこと、かの殿の身には数にもあらざりけむかし。

↓このことについては、実際にも家が一軒焼けるようなことは、この実資殿自身にとっては取るに足らなかったのだろう。

ある人、のちにそのゆゑを尋ね奉りければ、

↓ある人が、のちにそのわけを尋ね申し上げたところ、

「わづかなる走り火の、思はざるに燃え上がる、ただごとにあらず。天の授くる災なり。

↓「ささいな火花が、意外に大きく燃え上がるのは、ただごとでない。天が与えた災難である。

人力にてこれをきほはば、これより大きなる身の大事出で来べし。

↓人間の力でこれに対抗するならば、これよりも大変な私の大事件が起きるに違いない。

なにによりてか、あながちに家一つを惜しむにたらむ」とぞいはれける。

↓どうして、むやみに家一軒を惜しいと思う必要があるだろうか」とおっしゃったのだった。

そののち、ことにふれて、かやうの振舞、たえざりければ、つひに賢人といはれてやみにけり。

↓その後、なにかあると、このような行動が続いたから、結局賢人と言われて終えたのだった。

のちざまには鬼神の所変なども見あらはされけるとかや。

↓のちには、鬼神の所変なども見破りなさった姿を表さなかったとかいう。

好㆓正直㆒与不㆑廻而

精誠通㆓於神明㆒

正直を好みて廻ならざれば、

精誠、神明に通ず

↓正直を愛して邪悪でなければ、真心が神様に通じる

と、曹大家が東征の賦に書ける、今思ひ合せられていみじ。

↓と、曹大家が『東征の賦』に書いているのが、いま思い合わせられてすばらしい。

かかればとて、いやしからむたぐひ、このまねをすべきにあらねども、

↓こうだからといって、身分低く貧しい人々が、この真似をしてよいのではないけれども、

ほどほどにつけて、「賢の道、ひとしからむことを思へ」となり。

↓身の程に合わせて、賢人の道が、（だれでも）同じであることを忘れるな」という意味である。

これで問題文の内容はわかっただろう。

では、問いを解こう…と言いたいところだが、ページ数の関係で、すべての解説は載せられない。やむをえず、解説は一部の問いに絞って掲載する。

問一～問四は問いと答えだけを記しておくので、問題を解いたのちに、現代語訳を参照しながら、自分の答えに○×をつけてみよう。

問一、……部Ⅰ「人さらに許さず」、Ⅱ「やみにけり」、Ⅲ「い

やしからむたぐひ」の訳として最も適当なものを、それぞれ選びなさい。

Ⅰ　人さらに許さず

ア、周囲の人は全く認めなかった

イ、人の考えを推し量れなかった

ウ、他人事として気に留めなかった

エ、人々に対して気を許せなかった

オ、他の人はいっそう油断しなかった

Ⅱ　やみにけり

ア、病が治った

イ、一生を終えた

ウ、放っておかれた

エ、思いを遂げなかった

オ、気に病んでしまった

Ⅲ　いやしからむたぐひ

ア、賢人になれない者たち

イ、性根が曲がった者たち

ウ、安らぎを求める者たち

エ、世間を嫌っている者たち

オ、身分が低く貧しい者たち

問二、――部a「見給ひける」、b「くゆりつきて」、c「制して」、d「取りて」の中で、主体の異なるものを一つ選び、記号で答えなさい。

問三、――部①「廉潔」を言い換えた言葉を、次の欄に合わせて答えなさい。なお、□にはそれぞれ適切な漢字一字を入れること。

□廉潔□

問四、――部②「消さざりけり」とあるが、その理由を説明したものとして最も適当なものを選びなさい。

ア、新しく建てた邸宅を災厄で失ったとなれば、諸方面からの注目と施しが集まってさらに有名になると思ったから。

イ、思いも寄らない災厄を前にして右往左往したところで、人間の対処できることは限られていると諦めていたから。

ウ、完成したばかりの新居に災厄が降りかかるということは、その新居自体に忌むべきところがあると見抜いたから。

エ、賢者と呼ばれるためには、災厄に見舞われても常人の及ばぬような達観した言動を示す必要があると悟ったから。

オ、人知の及ばない出来事に抗ったところで、その後にはさらなる災厄がもたらされる結果になるものと考えたから。

正解

問一　Ⅰア　Ⅱイ　Ⅲオ
問二　b
問三　清・白
問四　オ

問五、――部③「かかるにつけては」は「このようなことからすれば」という意味だが、その指示する内容を説明したものとして最も適当なものを選びなさい。

ア、賢者としての素質が萌芽して、帝を含めた多くの人に称賛されること。

イ、失火にも動じない賢者として、帝から一般人に至るまで厚遇すること。

ウ、帝だけでなく多くの人が感動したことで、賢者と同等に扱われること。

エ、帝をはじめとして、広く一般に賢者として認識されるようになること。

オ、帝を筆頭に、賢者のする行動に自然と感動を覚えるようにさせること。

「かかる」＝「このような（こと）」のさし示しているのは、文中のどこだろうか？

出題者がわざわざ「このような」と意味を明確にしてくれているね。

「この」は「あの」や「その」と違って、難しい語で言うと「近称指示語」といって、近いところをさす言葉だ。だから、「かかる」の直前をさすのだろうと考えるといい。直前の文はこうだ。

「これより、おのづから賢者の名あらはれて、帝よりはじめ奉りて、ことのほかに感じて、もてなされけり。」

この「これ以来、自然と賢者だという名声が高まって、帝をはじめといたしまして、格別に感動して、（実資を賢人として）待遇なさった。」という記述の内容と一致するのは、エだね。

正解

問五　エ

問六、――部④「数にもあらざりけむかし」とあるが、これはどういうことを意味しているか。最も適当なものを選びなさい。

ア、算段に入っていたであろうということ。

イ、思いも寄らないことであろうということ。

ウ、取るに足らないことであろうということ。

エ、数えるまでもなく簡単であ

ろうということ。

オ、枚挙にいとまがないほどであろうということ。

「数にもあらざりけむかし」の口語訳は、『取るに足りなかったのだよ』というのだ。実資にとっては、「天の授くる災」であり、「人力」で抵抗すれば、自身に「大事」が降りかかるだろうから、「惜しむにたら」ぬことなのだ。

正解　問六　ウ

問七、――部⑤「いみじ」は語り手の感慨を表す言葉だが、その内容について説明したものとして最も適当なものを選びなさい。

ア、実資が一貫して廉潔の振る舞いを続けたことで災厄すらも克服できたということは、正直な振る舞いを一貫して続けようとする誠心が神に通じ、その途上で邪魔として入る物事も克服できると詠んだ曹大家の賦の通りであるとして、称賛している。

イ、実資が賢者としての行いを常に心がけていたことによって、最終的に常人には達しえない領域にまで能力を高めていったことが、正直を通して不正を退けることで誠心は神にも通じると詠んだ曹大家の賦に合致しているとして、高く評価している。

ウ、実資が災厄を乗り越えて最終的に帝の信用を得られたことは、正直を第一として邪念に染まらない誠心は神にも通じると曹大家が賦に詠んだ通り、実資の誠心が神と同等にある帝に通じたということであり、曹大家の言葉の正しさに感嘆している。

エ、実資が失火による災難を利用して周囲からの尊崇を集めることに成功し、最終的に賢者と呼ばれるようになったことは、正直を信条として不正に与しなければ誠心は神に通じると詠んだ曹大家の賦と大きく食い違うもので、忌むべきだとしている。

オ、実資が、才能がなかったにもかかわらず後世に名を残せたのは、賢者になろうという一念でさまざまな状況を作った結果であり、これは結果として雑念にとらわれずに正直を貫けば誠心は神に通じると詠んだ曹大家の賦の通りであると驚いている。

「いみじ」は『すばらしい』という賞賛の思いを表わしている。

では、どういうことに心が動いたのだろうか。それは、「いみじ」の直前の箇所をじっくり読めば理解できるだろう。

「そののち、ことにふれて、かやうの振舞、たえざりければ、つひに賢人といはれてやみにけり。のちざまには、鬼神の所変なども見あらはされけるとかや。」という実資と、「正直を好みて廻ならざれば、精誠、神明に通ずと、曹大家が東征の賦に書ける」という曹大家。

この2人を「今思ひ合せられ」た書き手（話し手）が「いみじ」と感嘆しているのだ。

この実資の賢人らしい行動の絶えなかったということと、曹大家が「東征の賦」で述べた正直な真心は神に届くということが一致する事実によって、「すばらしい！」という驚嘆の思いが生じたのだね。

正解　問七　イ

問八、――⑥「賢の道、ひとしからむことを思へ」とあるが、この言葉はどのようなことを意味しているのか。その説明として最も適当なものを選びなさい。

ア、賢者の道に到達するのは常人にも可能なので、少しばかり工夫しようということ。

イ、賢者の道は誰の前にも開けているのだから、実資のように行動しようということ。

ウ、賢者の道は単純な努力では進めないのだから、単純な真似ではだめだということ。

エ、賢者の道を意識して、賢者と同じように行動しようと心掛けるべきだということ。

オ、賢者の道を目指すためには実資の言動を真似ようとすることが大切だということ。

これは、訳の箇所をよく読めばわかるが、確実に正答を見つけるには、消去法（＝各選択肢の欠点を見つけて、誤答として除外していく方法）がいいだろう。

選択肢アは、「少しばかり工夫しよう」という記述が×だ。

選択肢イは、「実資のように」という記述が不十分だ。

選択肢ウは、「単純な努力では」など、ほぼ文全体が誤りだ。

選択肢オも、「実資の言動を真似よう」という記述が不十分だ。

だから解答はエになるね。

正解　問七　エ

国語

Wase-Aca Teachers

東大入試突破への現国の習慣

田中コモンの今月の一言！

学問に近道はありません！続けることが王道なのです

田中《たなか》としかね先生

早稲田アカデミー教務企画顧問

東京大学文学部卒業
東京大学大学院人文科学研究科修士課程修了
著書に『中学入試日本の歴史』『東大脳さんすうドリル』など多数。文教委員会委員長・議会運営委員会委員長を歴任。

グレーゾーンに照準！ 今月のオトナの言い回し「悪魔の証明」

「国語は苦手ではないです」という教え子君が、目の前で入試問題を解いてみせてくれることになりました。苦手ではないとはいうものの、自信を持って得意だ！とは言い切れない生徒です。自分でも何か足りないところがあると思うからこそ、相談に来たのでしょうから。そこで「じゃあ実際に解いてみせなさい」ということになったのです。

50分の試験時間が設定されている問題でした。快調に解き進めている様子が伝わってきます。でも40分を過ぎたころからそわそわし始めました。どうしたの？と聞くと「解き終わりました」というのです。まだ試験時間終了まで10分もあるよ！　見直しをしたり、できることがあるでしょう？　と聞くと「見直しもしましたし、もうこれで答えが変わることはありません」と断言するのです。

これから採点をする私にしてみれば、この時点ですでに答案には何か重大な見落としがあるに違いない、と予測がたってしまいます。出題文を丁寧に読んでいないのではないか？　設問をしっかりと吟味《ぎんみ》していないのではないか？　教え子君には申しわけないですが、ダメ出しをする気満々で、採点を始めることになりました。

まずは出題文も設問も、ちゃんと時間をとって読み解きます。○×だけつけておしまいというわけにはいきませんから。解いているうちに、教え子君がすぐに解き終わったと言いたくなる気持ちもわかりました。50分の試験時間の割には設問数も少なく、ほとんど記号選択問題だったのです。教え子君が「えい、やっ！」と適当に記号を選んだとは思いませんが、本来ならば時間をかけて確認しなくてはならないことを、やらずにすませてしまったに違いないと、選択肢の特徴から理解しました。「本文の内容と一致するものを次の中から選びなさい」というパターンがほとんどなのです。この場合、不可欠な手続きとして選択肢の一つひとつの文を文節レベルまで丁寧に分析し、きっちりと消去法で答えを導き出さなくてはなりません。今回の問題の場合、さらに大変だったのは「この選択肢の文に示されている内容は、本文のどこにも書かれていないことがらなので、正解だとはいえない」という形式の消去パターンを駆使する問題が多いという特徴があったのです。これは曲者《くせもの》なのです。設問数が少ないのに試験時間が長い意味がわかりました。そこで教え子君に聞いてみました。「悪魔の証明って知ってる？」と。

「悪魔の証明」というのは、ある事実や現象が「全くないこと」「存在しないこと」を立証する場合に、そう呼ばれます。その意味合いは「証明することが非常に困難であること」「そもそも不可能に近いこと」にあります。

たとえば、「近所の公園にカブトムシがいる」という事実は、その公園で一匹でもカブトムシを捕まえれば、立証に成功したことになります。けれども「公園にカブトムシは一匹もいない」という事実を立証しようとすれば、「捕まえられなかった」というだけではすみません。一匹もいなかったというからには、公園内に生息する昆虫をすべて捕まえたうえで「その中にカブトムシは存在しなかった」ということを示さなくてはならないからです。「存在＝ある」ということの立証と「不存在＝ない」ということの立証では、その難度に天と地ほどの差があることがおわかりでしょう。

また別の見地からこんな例はどうでしょうか。お母さんから「リビングにハサミが置いてあるからとってきて」と頼まれたものの、探したけれども見つからなかった場合、「リビングにハサミはなかった」と言い切れるのか？　という問題です。「ない」とこたえているのに「本当にちゃんと探したの?」と聞かれれば、どこまで確認すればいいのか自信が持てなくなってしまいますよね。さらに、お母さんが探しに行ったら「ここにあるじゃないの!」と言われてしまった経験があったりしませんか（笑）。ことほどさように「ないものはない」と明らかにすることは困難であるわけです。

入学試験でこのタイプの「本文中に書かれていないことを根拠に選択肢から外す」という問題が出題された場合に、「ない」ということの確認のためにチェックし続けるとしても、時間も限られている中でどこまでやればいいのか？　という悩ましい問題を抱えることになります。出題者としても、その点を配慮して「試験時間」と「設問数」を決定しているはずです。ですから、「ない」と思っていたのに「ほら、ここにあるじゃない!」と言われないようにするために細心の注意を払って限界までチェックすることは、試験においては可能なのです。

教え子君には、試験時間の設定にはちゃんとした意味があるということと、「手がかりがない」ことを探すタイプの問題は特に、時間をかけてチェックしなくてはならないということを伝えました。国語を得意だと言えるように精進することを宣言してくれましたよ。

慇・懃・無・礼?!
今月のオトナの四字熟語「一攫千金」

「先生! ウチの子、今回のテストの成績が、まったく振るわなくて……。勉強法を変えたほうがよいのでしょうか!」毎月!恒例?となっているような、駆け込み寺への親御さんからのうったえです。毎回（お相手は違いますが）お伝えしていることは、「学問に王道なし」というごくごく当たり前のお話になります。

紀元前300年ころ、エジプト王が数学を勉強していました。個人授業を担当していたのは、かのユークリッドです。ユークリッド幾何学を体系づけた数学者ですよ。そんなぜいたくな家庭教師に、エジプト王は「苦労しないで幾何学を学ぶいい方法はないのか?」とたずねたのです。その際の返事がThere is no royal road to geometry.「幾何学（学問）に王道なし」です。たとえ王様であっても、地道に勉強しなければ幾何学はできるようにはなりませんよ、とたしなめた言葉です。「王道」はroyal roadの直訳ですが、意味合いを考えると「近道」や「楽な方法」というほうが伝わりますよね。「王道」というのは、王様専用の特別な近道という意味でもあるのです。

この話はあまり親御さんには通じません（笑）。「それはそうかもしれませんが、でも何とかうまいやり方で、劇的に成績を上げる方法があるのではないでしょうか。隠さないで教えてください!」と、ここまで露骨に迫ってくることはまれですが親御さんの気持ちはよくわかります。私にも受験生を抱えた親としての経験がありますからね。何かしてやれることがあるのではないか？　できることは何でもしてやりたい、と願うのが親というものなのです。それでも、「スイッチ一つで、劇的な変化!」といったことを望むのは、一攫千金《いっかくせんきん》を目指すのとレベルがかわりませんよと、親御さんをたしなめます。学問はギャンブルではありませんからと、ここまで言うとさすがに「ぎょっ」とされます。

「一度にたやすく大きな利益を手に入れること」を意味する四字熟語です。一獲千金と書くこともありますが、本来は誤用です。「一攫」は一つかみという意味、「千金」は大金という意味です。「ひとつかみで大金を得る」というたとえになります。

一度でたやすく目的を達成するためには偶然に頼るしかありません。たまたま勉強したところが、たまたまテストに出題された。そんな偶然性に頼っていてはいけませんよね。普段からの心掛けは、なにが出題されても合格できる学力を準備することですからね。ここは親御さんの方が我慢強くならなくてはいけないのですよ。

＝1cmとする。

(1)　CEの長さを求めよ。

(2)　△BCD∽△CDEであることを証明せよ。

(3)　△CDFの面積を求めよ。　　　　（福井県）

＜考え方＞

(1)　△ACEに注目します。

(3)　△CDFと相似な三角形を見つけましょう。

＜解き方＞

(1)　仮定より、△ABC、△ACD、△ADEは直角二等辺三角形だから、

$AC=\sqrt{2}AB=\sqrt{2}$cm、$AD=\sqrt{2}AC=2$cm、$AE=\sqrt{2}AD=2\sqrt{2}$cm

△ACEは、∠CAE＝90°の直角三角形だから、三平方の定理より、

$CE^2=AE^2+AC^2=(2\sqrt{2})^2+(\sqrt{2})^2=10$

これより、CE＝**$\sqrt{10}$cm**

(2)　**△BCDと△CDEにおいて、**

BC＝AB＝1cm、CD＝AC＝$\sqrt{2}$cm、DE＝AD＝2cmより、

BC：CD＝1：$\sqrt{2}$　……①

CD：DE＝1：$\sqrt{2}$　……②

また、∠BCD＝∠CDE（＝135°）…③

①～③より、２組の辺の比とその間の角がそれぞれ等しいから、△BCD∽△CDE

(3)　△CDFと△BDCにおいて、

(2)より、∠CBD＝∠DCEだから、

∠FCD＝∠CBD　……㋐

また、共通な角だから、

∠CDF＝∠BDC　……㋑

㋐、㋑より、２組の角がそれぞれ等しいから、

△CDF∽△BDC

また、(1)、(2)より、$BD=\frac{1}{\sqrt{2}}CE=\sqrt{5}$

よって、$CD:BD=\sqrt{2}:\sqrt{5}$

相似な三角形の面積比は、相似比の２乗に比例するから、

$\triangle CDF=\triangle BDC\times\left\{\frac{(\sqrt{2})^2}{(\sqrt{5})^2}\right\}=\left(\frac{1}{2}\times1\times1\right)\times\frac{2}{5}$

＝**$\frac{1}{5}$(cm²)**

平面図形では、円と相似、三平方の定理の融合問題が非常に多く出題されています。

問題2

右の図のように，３点A，B，Cは円Oの周上にあり，

AB＝9cm，

BC＝8cm，

CA＝7cmである。

次の(1)，(2)に答えよ。

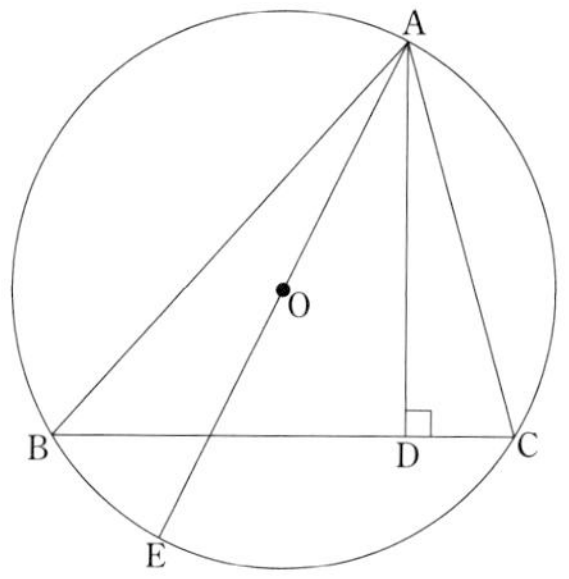

(1)　点Aから線分BCに垂線を引き，BCとの交点をDとする。このとき，線分ADの長さを求めよ。

(2)　円Oの直径AEの長さを求めよ。

（早稲田実業）

＜考え方＞

(1)　ADを１辺とする２つの直角三角形に注目します。

(2)　(1)の結果を利用して、相似の比例式を作ります。

＜解き方＞

(1)　CD＝$x$cmとすると、△ADCにおいて、三平方の定理より、

$AD^2=AC^2-CD^2=7^2-x^2$　……①

△ABDにおいて、三平方の定理より、

$AD^2=AB^2-BD^2=9^2-(8-x)^2$　……②

①、②より、$7^2-x^2=9^2-(8-x)^2$

これを解いて、$x=2$

①に代入して、$AD^2=45$より、AD＝**$3\sqrt{5}$cm**

(2)　BとEを結ぶ。△ABEと△ADCにおいて、

ABに対する円周角だから、

∠AEB＝∠ACD　……㋐

直径に対する円周角だから、∠ABE＝90°

よって、∠ABE＝∠ADC　………㋑

㋐、㋑より、２組の角がそれぞれ等しいから、

△ABE∽△ADC

よって、AB：AD＝AE：ACより、$9:3\sqrt{5}=AE:7$

これを解いて、AE＝**$\frac{21\sqrt{5}}{5}$cm**

三平方の定理を学習したあとの図形の問題は、線分の長さや面積を求める問題が中心になります。その際、今回学習したように、相似や円などと融合した問題も多いので、さまざまな図形の基本定理を活用できるように練習を重ねることが大切です。また、複雑な計算になる場合も少なくありませんので、正確な計算力を養うことも心がけていきましょう。

数学

Wase-Aca Teachers

楽しみmath数学！DX

登木 隆司先生

早稲田アカデミー　第一事業部長
兼 池袋校校長

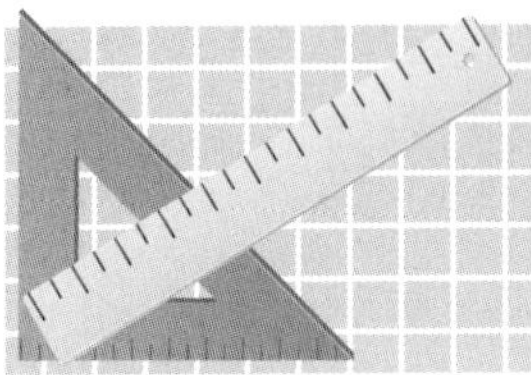

さまざまな図形の基本定理を活用できるようにしておこう

今月は三平方の定理とその応用について確認していきましょう。

三平方の定理とは、右の図のように、直角三角形の斜辺の長さをcとし、その他の辺の長さをa、bとしたとき、

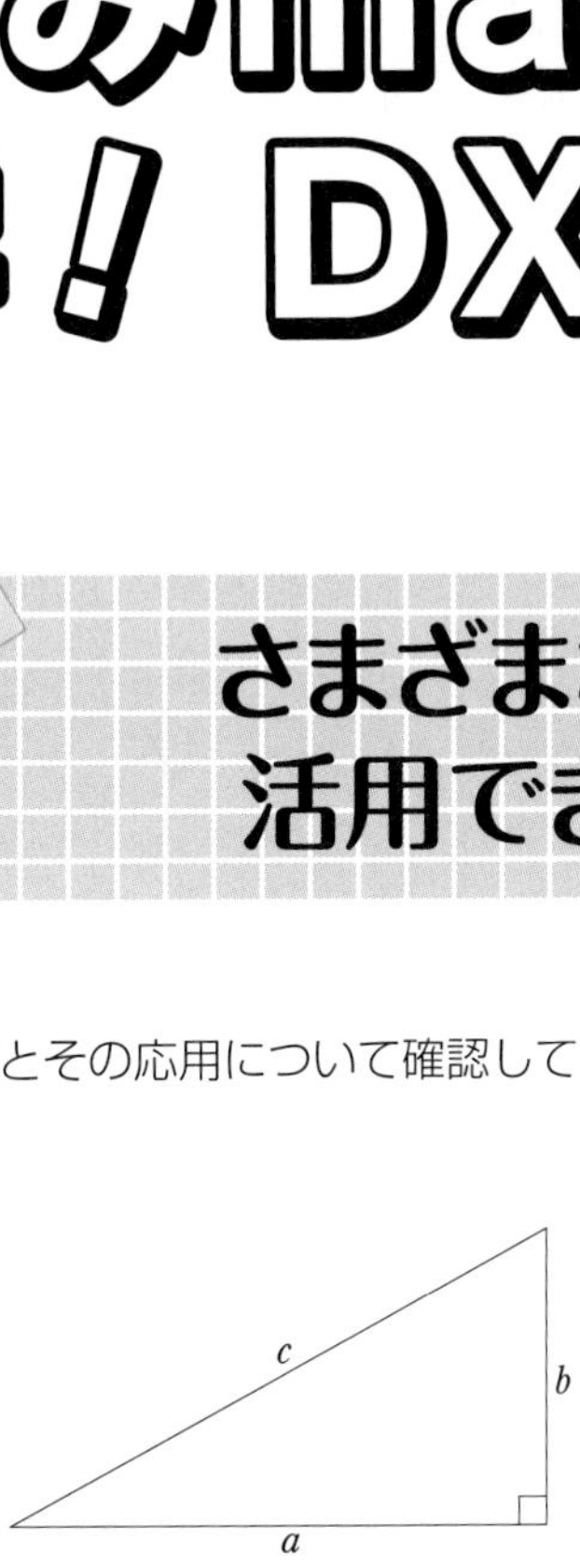

$a^2+b^2=c^2$（斜辺の長さの平方は、他の2辺の長さの平方の和と等しい）という関係が成り立つことをいいます。この定理によって、辺の長さから図形の面積や体積を求めたり、座標平面上の2点間の距離を求めたりすることができるようになります。

直角三角形のなかでも、45°の角や、30°、60°の角を持つ直角三角形は、角がわかると辺の比がわかることから、三平方の定理に関する問題では頻繁に登場します。これらの三角形の3辺の比は、次のようになります。

―――― 特別な三角形（三角定規） ――――

① 45°の角をもつ直角三角形（直角二等辺三角形）

⇔ 辺の比は$1:1:\sqrt{2}$

② 30°、60°の角をもつ直角三角形

⇔ 辺の比は$1:\sqrt{3}:2$

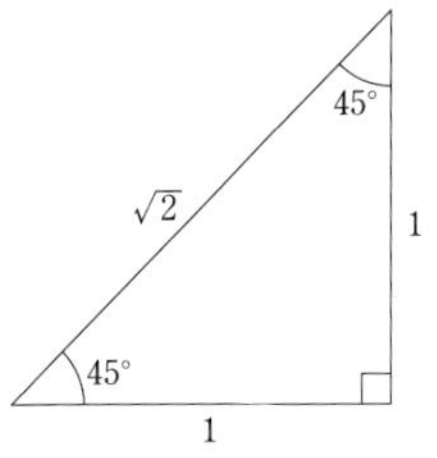

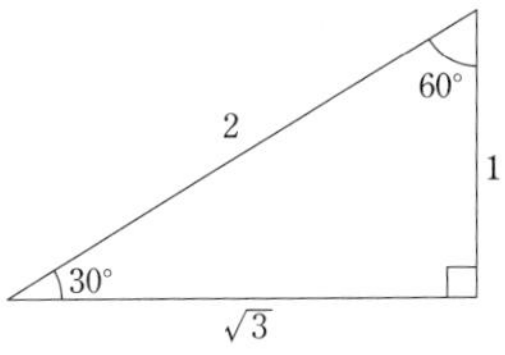

初めに、上の直角二等辺三角形に関する問題です。

問題1

右の図のように，五角形ABCDEがあり，AB=BC，AC=CD，AD=DE，∠ABC=∠ACD=∠ADE=90°である。

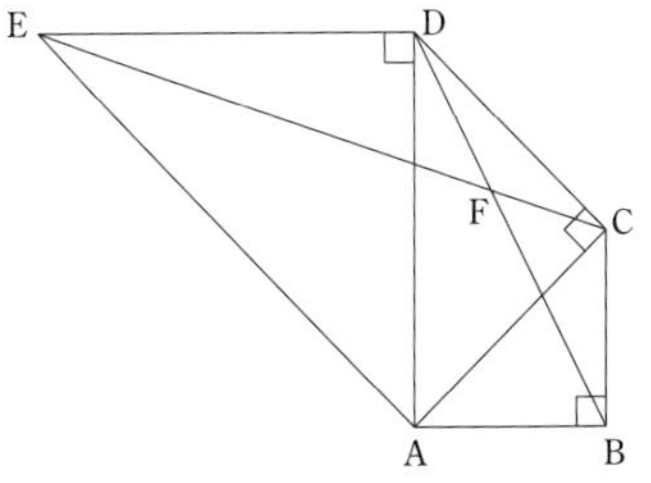

また，線分CEと線分BDの交点をFとする。

このとき，次の問いに答えよ。ただし，AB

教えてマナビー先生!

世界の先端技術

▶マナビー先生

日本の某大学院を卒業後、海外で研究者として働いていたが、和食が恋しくなり帰国。しかし科学に関する本を読んでいると食事をすることすら忘れてしまうという、自他ともに認める“科学オタク”。

宇宙を旅した魔法瓶

search

こうのとり7号機に搭載されて過酷な宇宙から試料を持ち帰る

国際宇宙ステーション（ISS）へ荷物を輸送している無人宇宙補給機こうのとりのことはもう知っているよね。今回の打ち上げで７回目だ。宇宙飛行士の生活を支える大量のバッテリーや宇宙飛行士が少しでもリラックスして生活できるように新鮮な食料品など重要な物資を運んでいる。

今回のミッションには新しい取り組みがあった。ISSは地上約400kmの宇宙空間を飛んでいる。この空間は微小重力空間と言う。本当の無重力ではない。重力の影響をほとんど受けずに色々な実験が行える空間だ。金属の合金を作ることを考えてみよう。金属はそれぞれ比重が異なっている。高温にして溶かして混ぜて合金を作る。地球上では重力の影響を受けて冷えて固まる間に比重の違いで分離してしまうことが多い。水と油みたいだ。ISS上で同じことを行うと重力の影響をほとんど受けない。結果、均一に分布した合金を作ることができるんだ。ISSでは微小重力を活かした実験がいくつも行われている。実験結果はISS上でも計測する。地上に持ち帰り詳細に調べたいが、いままでは持ち帰りはできなかった。そこで、こうのとり７号機で初めて小型の回収カプセルを用意してこの持ち帰りに挑戦したんだ。

11月13日、無事回収できたカプセルと笑顔で記念撮影を行う、記者会見でのJAXA関係者（写真提供：JAXA）

実験用の回収カプセルの大きさは直径84cm、高さ約66cm。カプセル自体に姿勢制御用の窒《ちっ》素《そ》ガス噴射機能を持ち、地表に帰ってくる。

カプセルは重力に引っ張られて落下する。速度が上昇し、3000度もの高温になって燃えてしまうから、実験結果を持ち帰るには熱対策が重要なんだ。姿勢制御装置を使い、落下角度調整を行い、温度上昇を抑え落下してくるようにしなければならない。

それでも内部は高温になる。温度の影響を受けないものを持ち帰るなら問題ないが、今回持ち帰ったタンパク質結晶など、生命科学の実験結果を持ち帰るには温度は重要だ。内部を４°Cに保って持ち帰ることを目標に、温度を維持するために魔法瓶の力を借りることにした。

カプセルの共同開発に指名されたのは㈱タイガー魔法瓶。宇宙関連の仕事はやったことがなかったから、はじめはビックリしたそうだ。

回収カプセルは普通の魔法瓶の何倍も大きい。魔法瓶は外側と内側の容器の間を真空にして熱を遮断している。回収カプセルの大きさでは、通常の魔法瓶用の金属の厚さだと真空力でカプセルが変形してしまう。大きいために熱が逃げてしまう部分も多い。何度も改良し熱を逃がさないために大きなフタのような二重構造にするなど試行錯誤を続け、目標をクリアしたのだそうだ。11月、こうのとり７号機からカプセルを無事回収。検証の結果、内部の温度は４℃に保たれ、タンパク質の結晶も無事。ISSからの物資回収技術が一歩前進した。

英語で話そう！

朝がちょっぴり苦手な中学３年生のサマンサは、父（マイケル）と母（ローズ）、弟（ダニエル）との４人家族。

ある日サマンサが道を歩いていると、１人の観光客から道を聞かれました。

川村 宏一先生
早稲田アカデミー　事業開発部
英語研究課 課長

A tourist：Excuse me, but could you tell me how to get to this restaurant? …①
観光客　：すみませんが、このレストランにはどうやって行けばいいか教えていただけませんか。

Samantha：Sure, …but it's not near here. Actually it is on the other side of the town. …②
サマンサ　：いいですよ。…でも、近くはないですね。実際、街の反対側にありますし。

A tourist：Really? How should I go there?
観光客　：本当ですか？　どうやって行くべきですか？

Samantha：I think the best way is to take a taxi. …③
サマンサ　：タクシーで行くのが一番いいと思います。

A tourist：OK. I'll do that. Thank you.
観光客　：わかりました。そうします。どうもありがとう。

今回学習するフレーズ

解説①　how to do ～	「～する方法・やり方」 (ex) I don't know how to use this computer. 「このコンピューターの使い方がわからない」
解説②　on the other side of ～	「～の反対側に」 (ex) My school is on the other side of the river. 「私の学校は川の反対側（＝対岸）にあります」
解説③　the best way is to do ～	「～するのが一番いい方法だ」 (ex) The best way is to see the doctor. 「医者にみてもらうのが一番いいですよ」

早稲田アカデミー大学受験部のココがスゴい！

生徒を支える身近な存在「アシストスタッフ」について紹介します！

古居 美香 先生

大学受験までの長い道のり。ときには学習の進め方に不安を感じることもあるでしょう。早稲田アカデミー大学受験部では、生徒のそんな不安を解消するため、授業担当講師のほかに質問対応や進路相談にあたる「アシストスタッフ」制度を採用しています。難関大学受験を突破した先輩たちの実戦的なアドバイスが、きっとみなさんの支えになるはずです。

東大、早・慶大、国公立大医学部の現役学生が君をサポート

早稲アカ大学受験部の校舎には、東大をはじめとする難関大学の現役学生が「アシストスタッフ」として勤務しています。みなさんがめざす大学に実際に通っているからこそ、入試に向けた学習やその大学のキャンパスについてなど、さまざまな相談に応じることができます。また、早稲アカ大学受験部の卒業生が多いので、塾の効果的な利用方法についてもアドバイスしてくれます。

定期試験対策、個別フォローもお任せ！

アシストスタッフは、塾の学習に関する質問はもちろん、学校の学習に関する質問・相談にも応じます。また、定期試験の前には「定期試験対策講座」も担当。定期試験の前には、10万ページ以上の教材データベースのなかから自分にあったものを選んで個別に学習できるシステム「F.I.T.」も積極的に活用してください。教材に取り組んだあと、わからないところや間違えたところがあったら、遠慮なくアシストスタッフに質問しましょう。わかるまで、丁寧に解説します。塾の学習だけでなく、学校の成績向上もしっかりバックアップします。

早稲田アカデミー大学受験部で、高校の学習を先取り！

無料 新高1春期講習会

早稲アカ大学受験部の春期講習会でひと足早いスタートを！

早稲田アカデミー大学受験部では、高校入学を目前に控えた新高1のみなさんを対象に無料春期講習会を実施します。高校に入学してから6月ごろまでに学習する単元を、まとめて先取り学習していきます。春期講習会の授業はすべて無料！　もちろん、自分の苦手な1科目だけ受講することもできます。

※詳しい日程やクラス設定、申し込み方法は次号にてお伝えします。

早稲田アカデミー 大学受験部

お電話で 0120-97-3737

スマホ・パソコンで 早稲田アカデミー 検索

池袋校 03-3986-7891(代)	御茶ノ水校 03-5259-0361(代)	渋谷校 03-3406-6251(代)	荻窪校 03-3391-2011(代)	国分寺校 042-328-1941(代)	調布校 042-482-0521(代)
たまプラーザ校 045-903-1811(代)	新百合ヶ丘校 044-951-0511(代)	大宮校 048-641-4311(代)	志木校 048-476-4901(代)	最寄りの大学受験部校舎までお気軽にお問い合わせください。	

夢は続く、その先も。

早稲アカ大学受験部の人気講師が、ひと足早く教えます！

高校での学習はこう変わる！ 国語編

現代文の読解には背景知識が必要！

高校で学ぶ「国語」には、「現代文」「古文」「漢文」という３つの科目があります。今回はこのなかでも、高校生が「どうやって勉強したらいいのかわからない」と頭を悩ませる現代文についてお話しします。

中学までの国語学習で扱われる現代文は、身近な話題や具体的な事柄について書かれた文章がほとんどです。しかし、大学入試で出題される現代文の多くは、「近代」「情報」「自己」「国家」など、みなさんが日ごろあまり触れる機会がない話題や、具体的なイメージが持ちづらいテーマについて書かれたものです。そのため、文章だけを材料に読み解き、正解を導くのは難しくなります。とくに、難関といわれる大学で出題される現代文に対応するためには、まずは例にあげたような頻出テーマに関する周辺知識をしっかり身につけておく必要があります。

読み方のポイント❶　文章と適度な距離を置く

もちろん、知識だけでなく「読み方」を身につけることも大切です。

現代文が「読める」ようになるための第一歩は、文章に没入し過ぎないことです。これは、「適当に読めばいい」ということではありません。語句の意味や文章の構造を正確に押さえ、書き手が伝えようとしている内容を細かく把握しようとする姿勢は、もちろん大切です。ただ、文章を正確に読もうとするあまり没入し過ぎてしまうと、書き手の思想を冷静に見つめ、客観的にとらえることができなくなってしまうのです。

現代文を読むとき、私たち読者はまるでそこに唯一絶対の「正解＝真理」が書かれているかのように錯覚してしまいがちです。しかし、文章に書かれていることは１つの思想、考え方に過ぎません。「たった１つの正解」などというものは、少なくとも文章読解においては存在しないのです。

文章に没入し過ぎないためには、文章と適度な距離をとり、その文章を「相対化」することが必要になります。「相対化」とは「ほかのものとの関係のなかでとらえること」という意味です。つまり、自分が読んでいる文章の内容を「ほかのもの」と比べることが必要になってくるのです。

読み方のポイント❷　対義語をヒントに文章を“構造化”する

文章を相対化するために必要な「ほかのもの」とは、わかりやすい言葉にすると「対義語」のことです。例えば「精神」について論じた文章を読むとき、私たちがまずしなくてはならないのは、「精神」の対義語を思い浮かべることです。「精神」の対義語は「物質」ですね。つまり、「精神」という概念を「物質」という概念との関係のなかでとらえ、考えていけばいいのです。このように、ある事柄を、それと対称的な概念と並べながら検討する方法を「二項対立」または「二元論」と呼びます。

文章を相対化しながら読むためには、自分の頭のなかに「思考のための座標軸」を持つとよい――。

これは、早大の石原千秋教授による比喩です。いま読んでいる文章は、座標軸のどこに位置するのか、を常に考える、ということです。高校３年間をかけて、その座標軸をより大きく、正確なものにしていくことで、現代文が「読める」ようになります。

この座標軸を構築するためには、「対義語」をより多く知っておくということが大変有効です。文章の核となる対義語を抽出し、それを手掛かりにしながら文章を対立項に分類するということが「二項対立」を構造化するということです。この構造化ができるだけで、早大をはじめとする難関私立大学の問題文は難なく読め、設問にも答えることができるようになります。

古居《ふるい》 美香《みか》 先生
事業開発部 大学受験課 課長
東大必勝コース責任者

今回教えてくれたのは…

「大学受験を通して身につく教養は一生の宝物になる」という信念に基づき、背景となる知識や思想を包括した授業を展開。生徒一人ひとりを深く理解しその努力を支える、大学受験の頼れる伴走者。仲間同士の刺激を生む発問と、「第一志望校合格という夢をかなえてもらいたい！」という熱意が多くの生徒を難関大学合格に導いている。

みんなの数学広場

問題編

答えは46ページ

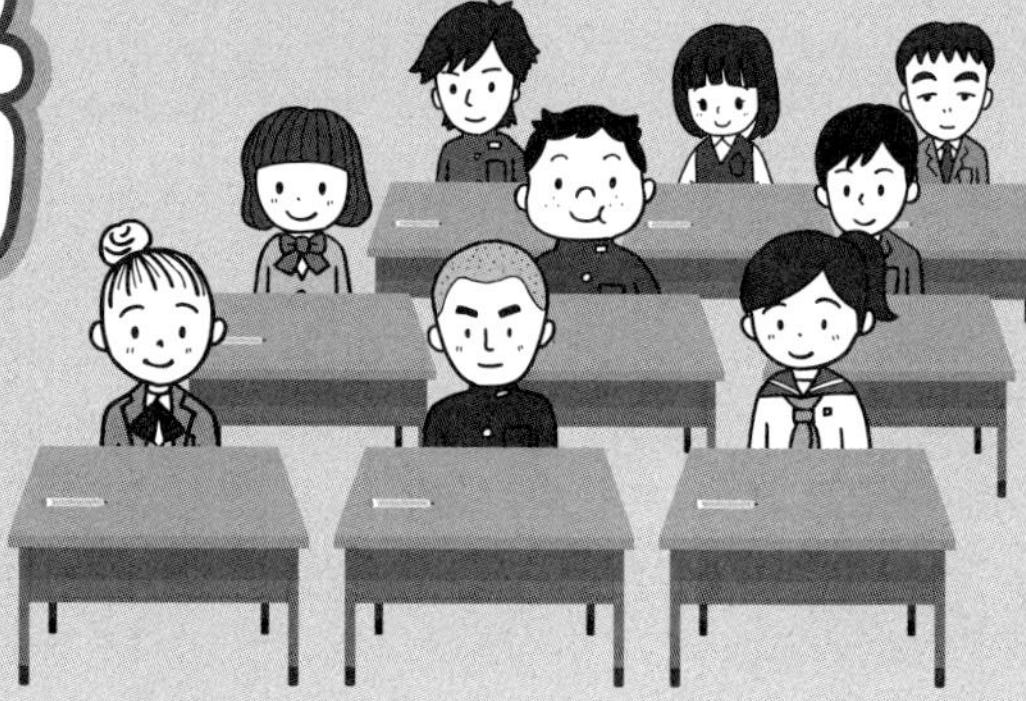

初級～上級までの各問題に生徒たちが答えています。
どの生徒が正しい答えを言っているか当ててみよう。
もちろん、当てずっぽうじゃなく、実際に問題を解いてみてね。
今回も中級からスタートです！

TEXT BY かずはじめ
数学を子どもたちに、楽しく、わかりやすく、使ってもらえるように日夜研究している。好きな言葉は、"笑う門には福来る"。

中　級

今回は、受験算数の"過不足算"にこだわります。
中学の数学では方程式で解きますよね？　いまだに、算数の線分図や面積図で解いている小学生離れできていない人はいませんか??　あとで泣きを見ないうちに…方程式で解決！

クラス全員にペンを配ります。１人に４本ずつ配ると48本余り、１人に７本ずつにすると33本不足します。このクラスとペンについて、以下の３つの事柄のなかで正しいのはどれでしょうか。

（１）ペンの本数は人数のちょうど５倍である。
（２）鉛筆の本数はちょうど156本である。
（３）人数は奇数である。

A

答えは…
（1）

B

答えは…
（2）

C

答えは…
（3）

上級

子ども会で、参加している子どもにガムとチョコレートを配ります。ガムの枚数はチョコレートの個数の３倍であることはわかっています。このとき、ガムを10枚ずつ配ると16枚余り、チョコレートを５個ずつ配ると８個不足するとき、子どもの人数、ガムの枚数、チョコレートの個数について、以下の３つの事柄のなかで正しいのはどれでしょうか。

（１）子どもの人数は10人未満である。

（２）ガムの枚数は100枚以上である。

（３）チョコレートの個数は30個未満である。

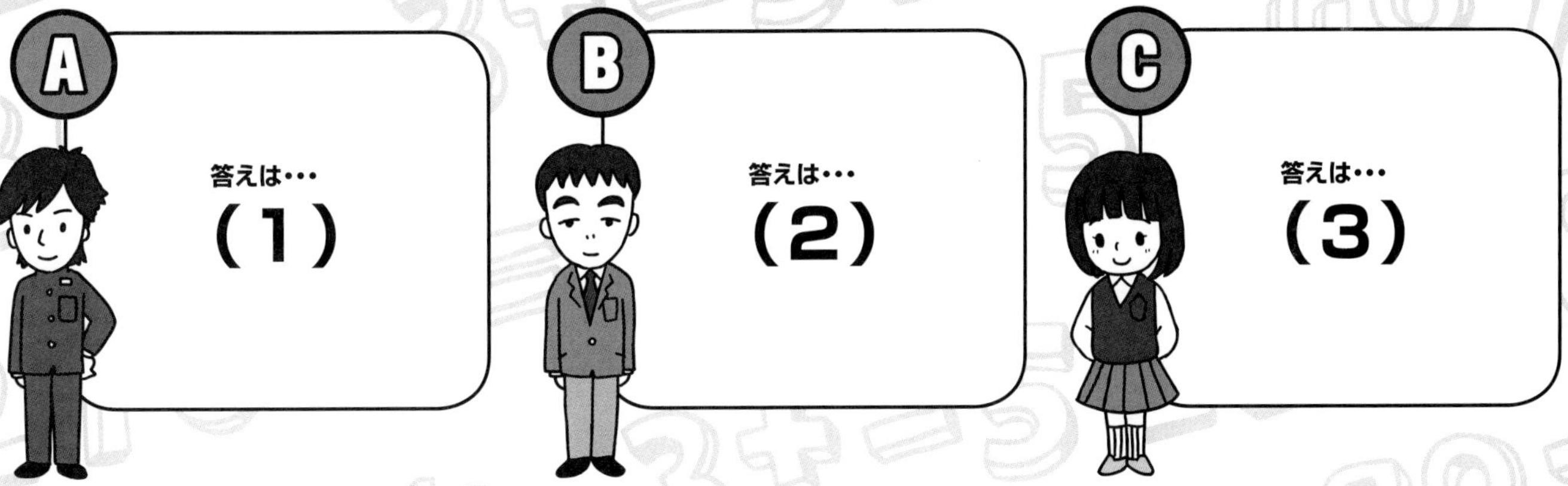

初級

部活の合宿で合宿所に泊まることになりました。１室に５人ずつ泊まると３人余り、１室に６人ずつ泊まるとすると、ちょうど２室余ります。部活の合宿の参加人数と合宿所について、以下の３つの事柄のなかで間違っているのはどれでしょうか。

（１）部活の参加人数は70人以上である。

（２）合宿所の部屋数は15室以下である。

（３）教員も入れて６人ずつにするとちょうど１室余る。

みんなの数学広場　解答編

中級

正解は C

ここで、まず、人数をx人としてみましょう。

ペンの本数について、４本ずつ配ると48本余るので、$4x+48$本……①

７本ずつ配ると33本不足するので$7x-33$本……②

これが等しいので、①＝②ですから$4x+48=7x-33$

これを解くと$x=27$

つまり人数は27人ですからCさんが正解となります。

ペンの本数は①②より156本

…えっ？　じゃあ、Bさんも正しくない？　と思いますよね。

でも、正しくありません。

なぜなら、（2）は“ペン”ではなく、“鉛筆”ですから…。

A

４倍と７倍の間と思った？

B

156本に引っかかったね！

C

やったね!!

上級

正解は A

人数をx人とするとガムの枚数は10x＋16枚……①

チョコレートの個数は5x－8個……②

ガムの枚数はチョコレートの個数の３倍なので①＝②×３

つまり　10x＋16＝（5x－8）×3

これを解いてx＝8

つまり参加している子どもの人数は８人なので（1）は正しい。

ガムの枚数は①より96枚なので（2）は間違い。

チョコレートの個数は②より32個なので（3）は間違い。

A
やったね!!
B
直感的に答えてない？
C
計算ミスだね～。

初級

正解は C

合宿所の部屋数をx室とすると

参加人数について１室に５人ずつ泊まると３人余るので参加人数は5x＋3人……①

１室を６人ずつにすると、ちょうど２室余るので使う部屋数はx－2室なので

参加人数は6（x－2）……②

①＝②なので5x＋3＝6（x－2）

これを解いてx＝15

つまり部屋数が15室になるので（2）は正しいです。

さて、参加人数はx＝15なので、①②どちらに代入しても参加人数は78人になり、

（1）も正しいですね。

そして（3）は、参加教員の人数が不明なのでそもそも間違い、ということになります。

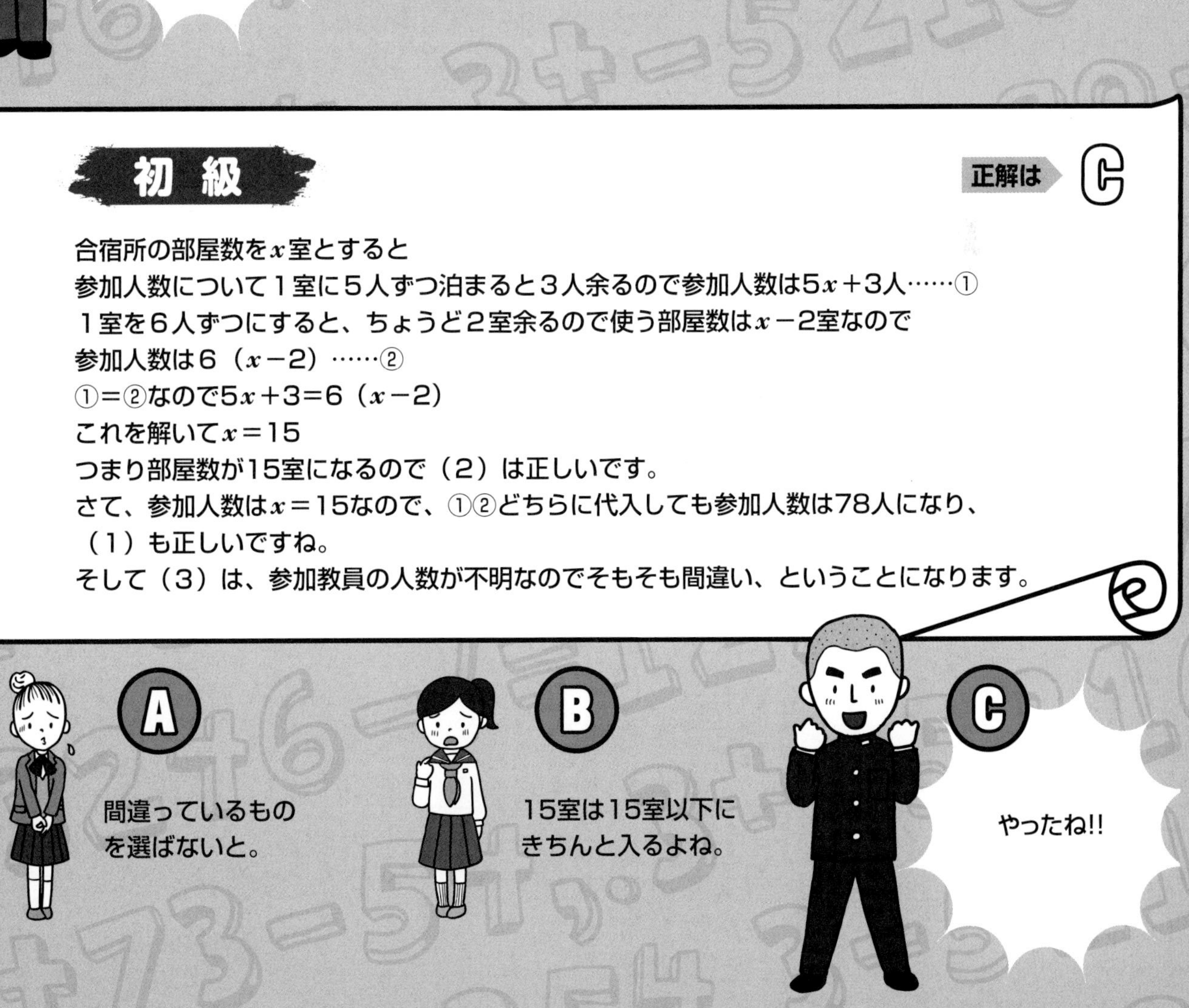
A
間違っているもの
を選ばないと。
B
15室は15室以下に
きちんと入るよね。
C
やったね!!

先輩に聞け!

大学ナビゲーター

上智大学
総合グローバル学部
総合グローバル学科3年生
伊藤《いとう》 夏子《なつこ》さん

大学で学んだことを活かして日本と世界をつなぐ仕事がしたい

高校の行事が進路選択の一助に

——なぜ上智大の総合グローバル学部に入学したのですか?

「高1のときに上智大のオープンキャンパスに参加し、雰囲気の温かさ、こじんまりとした規模が気に入りました。中高でお世話になった先生方が上智大出身だったのも大きいかもしれません。ただ、学部は高1の時点では経済学部を考えていて…。

国際系学部に目を向けたのは、高2になってからです。校内で行われた英語のスピーチコンテストに出場し、英語を『言葉』として使う経験をしたことで、英語を話すことに楽しさを感じ、海外に興味を持つようになったのです。その後、学校代表として外部の大会に出場した際、他校の生徒と英語で会話したのもいい刺激になりました。そのほか、シンガポールでの国際交流プログラムに参加したり、ミャンマーの孤児院をサポートするための学生団体のチャリティーコンサートに出場したりしたことで、外国への興味が増し、国際系学部に進む決心をしました」

——学部の特色を教えてください。

「国際関係論系統の『国際政治論』『市民社会・国際協力論』、地域研究系統の『アジア研究』『中東・アフリカ研究』の4分野について学ぶことができる学部です。1年生で4分野を幅広く学んだうえで、2年生からは自分が専門的に学びたい1分野を

オーケストラと模擬国連

中高と部活動でバイオリンを弾いていて、いまは上智大の管弦楽団に所属しています。全体練習は週2日ですが、私はコンサートマスターやパートリーダーとして業務もこなしているので、ほぼ毎日オーケストラにかかわっています。そのため日々忙しいですが、不思議とつらくはありません。オーケストラやその仲間が好きだから、そうした活動も楽しいと思えるんです。みんなで作りあげた曲を演奏会で披露するときは、鳥肌が立つくらい感動します。

もう1つ、模擬国連のサークルにも入っています。模擬国連では1人1国が割り当てられ、それぞれがその国や議題について調べたうえで、1国の代表として国連の会議に臨みます。どの国も自国が不利になる決議は採択したくないので、本音と建前をうまく使い分けながら交渉を進めていくのが、お

演奏会のリハーサルで、バイオリンを弾く伊藤さん

サークルで培った力を武器に、カナダで行われた模擬国連世界大会に出場

メジャーに、メジャーで選んだ系統と異なる系統からもう1分野をマイナー（サブメジャー）として選び、それらに関する講義を履修していきます。私はメジャーが国際政治論、マイナーがアジア研究です」

——好きな講義はなんですか？

「たくさんありますが、1つは3年生から始まった外交関連について学ぶゼミです。色々なテーマについて議論するなかで、一番おもしろかったのは、中国が提唱する『一帯一路《いったいいちろ》』という政策について、中国班、ロシア班、アメリカ班、日本班の4国に分かれて、各国の立場で議論をするというものです。中国班は政策に協力してほしいと主張しますが、他国は要求を鵜呑《うの》みにする必要はないわけですから、拒否したり、加入の条件を提示したりします。そうして互いが納得するような結論になるよう、交渉を進めていきました」

——ゼミ以外の講義はどうですか？

「各国の政治を比較しながら学ぶ『比較政治学』の講義は、各国の政治の様子が理解できて、いい勉強になりました。7カ国語くらい話せる先生が担当していたので、外国の政治に関する動画を自ら通訳しながら紹介してくれたのも楽しかったです。

また、他学部・学科の講義を自由に受講することができるのも上智大の特徴です。私もさまざまな学科の講義を履修しており、例えば教育学科の講義では、発展途上国の教育について英語で書かれた本を読んで感じたことを議論したり、プレゼンテーションしたりしました。普段座学の講義が多いので、議論ができる講義は貴重でしたし、英語力を鍛えられた点、世界の教育について理解を深められた点もよかったです。それに、生徒が6人だったので、生徒同士が仲よくなれたのも嬉しかったです」

——将来の目標を教えてください。

「以前は海外の大学院に進み、国際機関に入るか、研究者として働く道を考えていました。でも、日々情勢が変わる国際政治を学ぶなかで、自分が本当にしたい仕事を考え直したところ、経済活動を通して日本と世界をつなぐような仕事がしたいと思うようになりました。今後は商社を中心に就職活動をしていきたいです」

もしろさであり難しさでもあります。模擬国連を始めてから、ニュースに興味を持つようにもなりましたし、調べたことが学部での学びに役立つこともあるので、いい影響を受けています。

暗記が役立つときが来る

私は推薦入試で大学の合格が決まってからも英語と小論文の塾に通い続け、勉強も継続しました。そのときの小論文と英語の訓練はいま、大学の勉強でも非常に役立っています。でも、大学入学後、一般入試を経た友だちと知識の差を感じることが何度かありました。講義で世界史の内容が出てきたとき、非常に細かい知識もよく覚えている友だちを見て、私も同じ勉強をしたはずなのに、忘れてしまっているのが悔しくて…。ですからみなさんがいま覚えたことも、高校に入ってから、もしくはその先の思わぬところできっと役に立つと思います。そのため無駄なことはないと思って頑張ってください！

勉強したい分野を見つけて

中高時代は大学で勉強したい分野を見つける時期でもあると思います。実際に私も高校時代のさまざまな経験を通して進路を選んだので、大学での勉強が楽しいです。自分がしたいことができる大学を選ぶためにも、中高のうちに色々なことに挑戦してみてください。

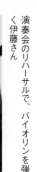

思わずだれかに話したくなる

名字の豆知識

第1回　名字の基礎知識

日本に名字はいくつある？

「名字」と「苗字」の2通りの書き方。正しいのはどっち？

世界最多！　日本の名字

日本に名字はいくつくらいあるでしょうか。

1996年（平成8年）に刊行された『日本苗字大辞典』（芳文館）には29万1531もの名字が記載されています。この辞典が刊行されるや、出版社には「わが家の名字が載っていない」という電話が相次いだといいますから、実際には30万以上の名字があるのかもしれません。これは世界最多です。

さて、いま「名字」「苗字」と2通りの書き方をしましたが、どちらが正しいのでしょうか。

鎌倉幕府の公式史書とされる『吾妻《あづま》鏡《かがみ》』や室町時代の国語辞書である『節用《せつよう》集《しゅう》』『下《か》学集《がくしゅう》』には「名字」と書かれています。「名」には「領地」という意味があり、「名字」は領地に由来する書き方です。「大名」というのも「広大な領地を持つ者」というのが本来の意味です。

一方の「苗字」ですが、「苗」には血筋という意味があり、そこから「出自」に由来する書き方といわれています。江戸時代はおもに「苗字」と書かれました。

したがって、どちらも正しいのですが、ここでは「名字」を使うことにします。

これ以外にも「姓」「氏」がありますが、「姓」は本来の家柄を表すもので、「氏」はいま私たちが使っている名字をさします。日本の法律では名字は「氏」とされています。

「一氏一名令」、知ってる？

現在の私たちは1つの名字と1つの名前を持っています。当たり前だと思われるかもしれませんが、「名字も名前も1つ」と決められたのは1875年（明治8年）の太政官布告「一氏一名令」が出されてからです。

それまでは公卿や武士は複数の名字や名前を持つことが普通でした。

例えば、江戸幕府最後の征夷大将軍、徳川慶喜は、氏は「徳川」、姓は「源」、幼名は「七郎麿」、元服して「慶喜」となったのです。

同じく最後の太政大臣、三条実美は、公式文書に署名するときは「藤原実美」と書いていました。これではややこしいので、整理したのです。

ではこれから、2001年（平成13年）に刊行された『別冊歴史読本日本の苗字ベスト10000』（新人物往来社）のランキングに基づきながら、名字の話をしていきましょう。

今月のキーワード

オプジーボ

▲PHOTO ノーベル生理学・医学賞の受賞が決定し、記者会見する京都大の本庶佑特別教授（左）。右は山極寿一学長（2018年10月1日 京都市左京区）写真：時事

スウェーデンのカロリンスカ研究所は、2018年のノーベル生理学・医学賞を、京都大の本庶 佑《ほんじょたすく》特別教授とアメリカ・テキサス州立大のジェームズ・アリソン教授に授与すると発表しました。

12月10日にスウェーデンの首都ストックホルムで授賞式が行われます。

日本人のノーベル賞受賞者は2年ぶり24人目で、外国籍を持つ日系人を含めると5年連続、27人目になります。また、生理学・医学賞受賞者は一昨年の大隅良典《おおすみよしのり》氏に続き5人目です。

今回の受賞は、免疫の働きを抑制するタンパク質を発見し、がんの免疫治療薬「オプジーボ」の開発につなげたことが評価されたものです。

がんは日本人の死因のトップを占め、2人に1人はがんにかかり、3人に1人はがんで亡くなるとされるほど、その克服は国民的な課題になっています。

しかし、これまでのがん治療は、がんを切除する外科治療、抗がん剤を投与する化学治療、それにがん患部に放射線を照射する放射線治療など、がん細胞に直接作用する治療が中心でした。これに対し、本庶教授は、まったく異なるアプローチを行ったのです。

がんにかかると免疫細胞が働いて、がんを攻撃しますが、このとき、がん細胞が免疫細胞の働きにブレーキをかけてしまい、免疫細胞が働けなくなってしまうのです。

このことを発見した本庶教授は、ブレーキ役のたんぱく質が働けなくなれば、ブレーキがはずれて、免疫細胞が活躍してがんを攻撃できると考え、ネズミを使って、このたんぱく質に抗体を投与する実験を行いました。

この結果、たんぱく質のブレーキがはずれて、免疫が強まることが確認できたのです。この成果が「オプジーボ」の開発につながり、2014年に小野薬品工業から発売が開始されました。抗がん剤などと違って副作用が少ないのも特徴です。

アリソン教授は別のブレーキ役のたんぱく質を抑えることで、世界初の免疫チェックポイント阻害剤を開発されたことが評価されました。

「オプジーボ」は現在、日本では7種類のがんに対する治療薬として承認されていますが、人によってはほとんど効果が表れなかったり、価格が高額といった問題もあります。臨床実験を繰り返すことで、さらに多くのがんや人に適用できるよう、研究が進められています。

大野 敏明　ジャーナリスト
（元大学講師・元産経新聞編集長）

新刊案内　受験生を持つ親に贈る グローバル教育出版の本

子育てのベテランがつづった

A5判　256ページ
並製　ソフトカバー
定価:本体2,000円＋税

●淡路雅夫 著

ISBN978-4-86512-118-6

お父さん　お母さん 気づいていますか？ 子どものこころ

娘の気持ち
息子のホンネ
気づいていますか

進学校の教員、校長として、いつも中高生のそばいた著者が「子育てに流《は》行《や》りはない」という持論を幹に、ご父母に語りかけます。「これからの社会は、ますます子育てに正解のない時代になります。親は、子どもに寄り添いながら、自分の生き方も考えていかなければならない時代です。社会の一員として、新しい時代にふさわしい子どもの学力や社会的人材を育成する意識を持って、子どもを育ててほしいと願っています」……………………淡路雅夫

淡路 雅夫（あわじ　まさお）淡路子育て支援教育研究所主宰。國學院大学・同大学院修了。私立浅野中学・高等学校（神奈川県）の校長歴任後、大学で教員志望学生への教職アドバイザーを務める。講演、執筆活動を通して私学支援を行う。専門分野は子どもの教育・福祉を中心とした家族・親子問題。著書に『児童福祉概論』（八千代出版）、『人に育てられて生きる』（社会評論社）、『お母さんにはわからない思春期の男の子の育て方』（中経出版）、『先生! 子どもが元気に育っていますか?』（弊社）その他。

※第８章では、本書の半分のページを割いて、親が具体的に直面する、身近な課題、疑問など約30の問題について取り上げ、著者が「Q＆A方式」で答えます。あなたへの答えが、きっとここにあります。

ご注文ダイヤル ☎03-3253-5944　インターネットでの注文も承っております。http://www.g-ap.com/　グローバル教育出版

ミステリーハンターQ（略してMQ）

米テキサス州出身。某有名エジプト学者の弟子。1980年代より気鋭の考古学者として注目されつつあるが本名はだれも知らない。日本の歴史について探る画期的な著書『歴史を掘る』の発刊準備を進めている。

ミステリーハンターQの

歴男歴女養成講座

春日 静

中学1年生。カバンのなかにはつねに、読みかけの歴史小説が入っている根っからの歴女。あこがれは坂本龍馬。特技は年号の暗記のための語呂合わせを作ること。好きな芸能人は福山雅治。

山本 勇

中学3年生。幼稚園のころにテレビの大河ドラマを見て、歴史にはまる。将来は大河ドラマに出たいと思っている。あこがれは織田信長。最近のマイブームは仏像鑑賞。好きな芸能人はみうらじゅん。

富本銭と和同開珎

ものやサービスを売り買いするのにお金はなくてはならない。では、日本で最初にお金ができたのはいつで、どんな通貨だったのだろう。

勇 日本で初めてお金が作られたのはいつなの？

MQ 683年（天武12年）に作られた富本銭《ふほんせん》が日本最初の通貨とされている。

静 和同開珎《わどうかいちん》も古い通貨よね。

MQ 和同開珎は「わどうかいほう」とも読むよ。富本銭の存在は江戸時代から知られていたけど、いつ作られたのか、はっきりしなかったんだ。だから、制作年が708年（和銅元年）とわかっている和同開珎が最も古い通貨とされていたんだ。ところが、1990年代になって富本銭の発見が相次ぐようになり、1999年（平成11年）に見つかった33枚が7世紀の遺構から発見されたことから、和同開珎より古いことがわかった。それと『日本書紀』の記述を照らし合わせて、683年という年代を割り出したんだ。

勇 それまでは、ものを買ったり売ったりするにはどうしてたの？

MQ おもに物々交換だね。コメが貨幣の代わりをすることもあったようだ。

静 富本銭はどんな形をしているの？

MQ 銅製で、直径24・4㎜の円形で、中央に1辺が6㎜の正方形の穴が開いている。唐の開元通宝《かいげんつうほう》を模したのもではないかといわれる。形は和同開珎とも似ているね。そして穴を挟んで楯に「富本」と書かれている。

勇 実際に流通したの？

MQ 日本書紀には、「これからは銅銭を用いよ」と書かれているから、ある程度は流通した可能性があるね。

静 富本銭と和同開珎ってなんだか似てるけど、富本銭は和同開珎のモデルになったの？

MQ 形はそっくりで、大きさもほぼ同じだから、そういっていいだろう。和同開珎の次には760年（天平宝字4年）に万年通宝《まんねんつうほう》が作られた。和同開珎を含め、律令国家によって、12種類の通貨が作られた。それを皇《こう》朝《ちょう》十《じゅう》二《に》銭《せん》という。最後は958年（天徳2年）の乾元大宝《けんげんたいほう》で、ある程度は流通したんだけど、新通貨発行のたびに銅の含有量が減っていったため、信用が落ち、中国から宋銭や元銭、明銭が大量に流入して、日本の通貨はあまり流通しなくなるんだ。日本の通貨より、中国の通貨の方が流通するなんて、なんだか変だけど、日本の通貨が再び流通するようになるのは、江戸時代になってからといわれているよ。

サクセスシネマ

SUCCESS CINEMA

vol.107

言葉を話す動物たち

アルビン／歌うシマリス3兄弟

2007年／アメリカ
監督：ティム・ヒル

『アルビン／歌うシマリス3兄弟<特別編>』
DVD発売中
1,800円＋税
20世紀フォックス ホーム エンターテイメント ジャパン

3匹と1人は家族になれる？

アメリカのテレビアニメ『アルビンとチップマンクス』を元とする作品。なんと歌って踊るシマリス3匹が主人公の物語です。

アルビン、サイモン、セオドアは森で暮らすシマリスの兄弟。そんな3匹がある日、ひょんなことから街まで連れてこられてしまいます。じつは彼ら、人間の言葉が話せるうえに、歌って踊れるというなんとも変わったシマリスです。3匹はソングライターのデイブの家に住むことになり、デイブの作った曲を歌うことになるのですが…!?

3匹の歌声と小さい身体で一生懸命踊る姿はとてもキュートで、思わず笑顔になります。いたずら好きのアルビン、頭の切れるサイモン、甘えん坊のセオドアと性格はそれぞれ異なるものの、みんな元気いっぱいです。まだまだ幼い3匹は、デイブをまるで本当の父親のように慕い、家族になりたいと願っています。しかし、あくまでも仕事のパートナーとして彼らに接するデイブ。さて、3匹と1人の関係はどのような結末を迎えるのでしょうか。

パディントン

2014年／イギリス・フランス
監督：ポール・キング

『パディントン』【期間限定価格版】
Blu-ray発売中！　価格：2,500円＋税
発売元：株式会社キノフィルムズ／木下グループ
販売元：ポニーキャニオン

ペルーからはるばるイギリスへ

原作はイギリスの有名な児童文学、マイケル・ボンドの『くまのパディントン』。1958年の出版以来、人気を博し、2014年に実写映画化されると、世界中で大ヒットとなりました。

ペルーの森に探検に訪れたイギリス人冒険家が、くまの夫婦と意気投合し、人間の言葉や文化を教えます。冒険家が帰りしばらくした後、くまの夫婦の甥っ子が冒険家を訪ねるためにロンドンへ。無事にロンドンにたどり着くものの、いきなり人間社会になじめるはずもありません。だれにも相手にされず落ち込んでいると、彼の前にブラウン一家が現れます。ブラウン夫人から“パディントン”と名づけられ、とりあえずブラウン家へ連れていってもらうことになりました。

最初はパディントンを連れて帰ることに反対していたブラウン家の気難しい父親が、次第に心を開いていく様子に気持ちが温かくなります。赤い帽子と青いダッフルコートを身にまとったパディントンがとても可愛らしいです。世界中で愛され続けるパディントンの始まりとなる物語をぜひ見てみてください。

ピーターラビット™

2018年／アメリカ
監督：ウィル・グラック

『ピーターラビット™』
発売中
ブルーレイ&DVDセット 4,743円＋税
発売・販売元：ソニー・ピクチャーズ エンタテインメント

のどかな湖水地方での大騒動

ビアトリクス・ポターの世界的に有名な児童書『ピーターラビット』を初めて実写化した作品。本ではいたずら好きではあるものの可愛らしいイメージのうさぎたちですが、本作ではかなり攻撃的に描かれています。

舞台はイギリスののどかな湖水地方。うさぎのピーターと3匹の妹たち、そして従弟のベンジャミンは、マグレガーおじさんの畑に入っては農作物を盗み、彼を怒らせていました。そしてマグレガーおじさんの甥っ子にあたるトーマスがこの土地と家を引き継ぐことになると、その関係はさらに悪い方向へ。トーマスとピーターたちのいさかいは、電気ショックやダイナマイトまで持ち出すほどの熾《し》烈《れつ》なものとなっていきます。

可愛らしい姿とは裏腹に、大胆な悪だくみをするうさぎたちにドキリとさせられますが、人間と動物のヒューマンドラマあり、ちょっとしたアクションシーンあり、爽やかなラブロマンスありと、盛りだくさんの内容。ロンドンの洗練された街並みや、湖水地方の美しい田園風景も堪能でき、映像美も楽しめます。

不思議な不思議な24時間書店に隠された謎とは…？

主人公のクレイ・ジャノンは、現在失業中の青年だ。アメリカ・サンフランシスコでぐんぐん成長中だったベーグル販売のベンチャー企業で、デザイナーとして充実の日々を送っていたが、アメリカの外食産業を襲った大不況の影響で見事に失業することに。

新しい仕事を探さなければならなくなったクレイは、あるとき、道端で求人の貼り紙を目にする。それは「ペナンブラ氏の24時間書店」という明らかに怪しそうな書店の窓に貼られたものだったが、それでもとにかく仕事を求めていたクレイは書店のドアを開いた。

その後、あっさりとペナンブラ氏によって採用されると、この不思議な書店の夜勤書店員として働くことになったのだが、この書店がいかにも不思議なのだ。

まず、店の作り。クレイいわく「ふつうの本屋を、壁を下にしてそっくりそのまま立たせたところを想像してほしい」という細長さで、さらに天井がものすごく高く、ときにはしごを使ってくらくらするような高さまで登って本を出し入れする。

次に、その品揃え。普通の本もあるにはあるのだが、奥にはなんの本だかさっぱりわからない、謎の本（グーグル検索しても出てこない！）が大量に置かれている。

極めつけは、その謎の本だけを借りにくる独自の顧客グループの存在だ。これらの本を借りるだけでも十分奇妙だが、彼らは全員がかなり変わっているという点でも不思議な存在だった。

クレイは、仕事をもらえていることに感謝しつつも、この書店はいったいどうなっているのかが気になって仕方がない。

そして、友人たちとデジタルの力を借りて、ある秘密に知らず知らず触れてしまう。

さらに、それが秘密であることを知らずに（なにも知らされていないから当然だが）ペナンブラ氏に告げたことから、事態はいきなり動き出していく。さて、この書店の秘密とはなんなのか。ぜひみんなもクレイといっしょに探ってみてほしい。

『ペナンブラ氏の24時間書店』
著／ロビン・スローン
訳／島村 浩子
刊行／東京創元社
価格／1000円＋税

今月の1冊

『ペナンブラ氏の24時間書店』

なんとなく

得した気分になる話

身の回りにある、知っていると勉強の役に立つかもしれない知識をお届け!!

先生　生徒

大学を卒業した食べもの？

大学イモってさ、なんで大学イモって言うの??

そうだなあ…。やっぱり大学を卒業してるイモだからなんじゃないかな。

それはないでしょ…。もしそうだとしたら、イモが大学を卒業ってどういうことなのさ？

いや、でもね、近畿大がマグロの養殖をしているのは知ってるかい？　それが販売されるときは、「大卒マグロ」って書いてあるんだよ。

え、ホントに？

うん。ホント。マグロも大学を卒業する時代ってことだなあ（笑）。

本当のところは？

聞いた話だけれど、一般的にはマグロの養殖は、ほかから幼魚を買ってきて大きくなるまで育てるらしいんだけど、近畿大はマグロの卵から大きくなるまで一貫して育てるところがすごいわけ。まあ、実際に大学で勉強しているというわけではないけれど、大学で育ったことは正しいわけだから、「大卒マグロ」なんて言っているわけだね。

となると、大学イモも大学で育てられるのかなあ??

先生も深く考えたことがなかったな。ちょっと調べてみるか～。……………………
お～。へえ～。う～ん。。。

先生、なにを言っているのかわからないよ！

ごめんごめん。まず結論から言うと、大学イモは…。

大卒である！

違う!!　マグロとは違いました～。そうではなくて、どうやら大学生が売っていたから大学イモらしい。元々は、甘《かん》藷《しょ》の蜜がけにゴマをかけてアレンジして、学費を稼ぐために東京大の苦学生が売っていたという説と…。

ちょっと待って！　甘藷って？

甘いイモという意味で、サツマイモの昔の呼び名だね。

それをなんかしてアレンジして売っていたのが東京大の学生…？

なんかしてって…（笑）。アレンジだ。蜜をかけたものに、さらにゴマを振りかけるとかね。

いまの東京大生じゃありえないね。

そうだなあ。いまは裕福なお家の方が多いらしいからなあ。それはそうと、大学イモの名前の由来はもう１つの説があってね。

ほうほう。それは？

東京大の赤門の前にふかしイモ屋さんがあって、そこで売られていて大学生に人気だったらしいという説。

でも、いずれも東京大の学生が作ったり食べたりしたんだね。

ほかにも諸説あって、東京大ではなく、早稲田大という説もある。

大学生が絡むことは確かなんだね。いま思ったんだけど、昔の大学生って、甘いもの好きなんだね。

そりゃそうさ～。だって、昔は砂糖なんてぜいたくな食べものだったからね。甘いものはそれだけでごちそうになったんだよ。

へえ～そうなの？

先生が子どものころなんて、甘いものは特別なときでないと買ってもらえなかったからなあ…。

なるほどね～。だから、先生はいま、その反動で甘いものを食べすぎているわけだね。

それって、そのせいで私が肥満だ、とか言っているの？

いえ…そんなこと、滅相もありません（笑）。

笑ってるじゃないか！　まあ、わからないだろうね。昔は砂糖がぜいたく品だったなんてね。いまは、甘いものもすぐに食べられるものね。

じゃあ、先生！　どんどん甘いものを食べて、昔の寂しい思い出を払拭しよう!!

それは身体に悪いし…。

わがままな人だなあ～。

それを言うなら、自分に甘いんだよ、私は。砂糖だけに…（笑）。

…どうぞご自由に…（苦笑）。

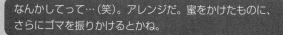

高校受験 ここが知りたい Q&A

私立高校や国立高校の受験では内申点はまったく気にしなくていいのですか？

先輩から、「私立高校や国立高校を受験するなら、中学校の内申点はまったく無関係だから気にしなくていいよ」と言われました。私立や国立の高校を受験する場合は、本当に内申点は気にしなくていいのでしょうか。教えてください。

（東京都多摩市・中２・HY）

公立高校に比べると重要度は低いですがまったく無関係というわけではありません

ここでの内申点とは、受験生が在籍していた中学校において、調査書に記された科目ごとの評定数値（一般的には５段階評価）のことをさします。通常は、中３の２学期末の通知表での評価が、「内申点」として扱われます。

都立や県立などの公立高校入試では、内申点は一定の割合で試験の得点とともに合否判断の材料となりますから、内申点が一定のレベルに到達していない場合、合格が難しくなることもありえます。

一方、私立高校は、学校ごとに多少異なりますが、一般入試では試験の得点のみで合否判定を行い、得点順に合格者を決める場合がほとんどです。国立高校もほぼ私立高校と同様です。調査書の記載（内申点）を一部、合否判断に加味する学校もありますが、内申点が合否を決定的に判断するものになることは少ないようです。

こうしたことをふまえると、その先輩が言うことはもっともののように思えます。しかし調査書には、科目の成績だけではなく、出欠の状況や中学校における各種の活動実績なども書かれており、私立高校で面接試験がある学校では、調査書の内容に基づいて質問されることもあります。ですから内申点がまったく無関係とは言いきれないのです。私立・国立高校を一般受験する場合は「あまり気にしなくていい」というくらいの気持ちでいた方がいいでしょう。

Success Ranking

日本の国土に占める森林についてのランキング

今号では「樹木医」についての特集があったね。そこで、今回は日本における森林についての２つのランキングを紹介しよう。森林面積の大きさと森林率の高さという２つのランキングの違いからどんなことがわかるかな？

森林面積の大きい都道府県ランキング

順位	都道府県名	森林面積（ha）
1	**北海道**	553万8447
2	岩手県	117万1446
3	長野県	106万8636
4	福島県	97万3834
5	岐阜県	86万1978
6	新潟県	85万5159
7	秋田県	83万9247
8	山形県	66万9272
9	青森県	63万2805
10	広島県	61万1222
11	高知県	59万5032
12	鹿児島県	58万7983
13	宮崎県	58万5559
14	兵庫県	56万6
15	島根県	52万4495
16	静岡県	49万7123
17	岡山県	48万3378
18	熊本県	46万2965
19	大分県	45万2791
20	山口県	43万6957

森林率の高い都道府県ランキング

順位	都道府県名	森林率
1	**高知県**	83.8%
2	岐阜県	81.2%
3	長野県	78.8%
4	島根県	78.2%
5	山梨県	77.9%
6	奈良県	76.9%
7	岩手県	76.7%
8	和歌山県	76.5%
9	徳島県	75.9%
10	宮崎県	75.7%
11	福井県	74.5%
12	京都府	74.2%
13	鳥取県	73.8%
14	秋田県	72.1%
14	広島県	72.1%
16	山形県	71.8%
17	山口県	71.5%
18	大分県	71.4%
19	愛媛県	70.7%
19	福島県	70.7%

※データを基に、森林面積は小数点第１位を、森林率は小数点第２位を四捨五入
※出典：農林水産省Webサイト（http://www.rinya.maff.go.jp/j/keikaku/genkyou/h29/1.html）

EDUCATIONAL COLUMN

15歳の考現学

高校で学力競争なくなる恐れ
大切になるネットでの連帯感

私立 INSIDE

私立高校受験

ここがポイント！
推薦入試の作文・小論文

公立 CLOSE UP

公立高校受検

公立高校入試展望2019
【神奈川編】

BASIC LECTURE

高校入試の基礎知識

入学願書を書くことは
高校進学のスタート台

受験情報

東京　2019年度入試で成城が高校募集停止

2019年度入試から**成城**が高校募集を停止し完全中高一貫校に移行する。これにより、東京私立で高校募集をしない学校は、以下の49校となる。カッコ内は2018年度の校数。

【男子校】12校（11校）

暁星、麻布、芝、高輪、海城、成城、早稲田、獨協、攻玉社、駒場東邦、東京都市大学付属、武蔵

【女子校】33校（34校）

大妻、共立女子、女子学院、白百合学園、雙葉、三輪田学園、頌栄女子学院、聖心女子学院、東洋英和女学院、普連土学園、山脇学園、学習院女子、跡見学園、桜蔭、香蘭女学校、品川女子学院、鷗友学園女子、恵泉女学園、昭和女子大学附属昭和、聖ドミニコ学園、田園調布学園、田園調布雙葉、目黒星美学園、実践女子学園、東京女学館、大妻中野、光塩女子学院、立教女学院、女子聖学院、富士見、吉祥女子、晃華学園、大妻多摩

【共学校】4校（3校）

開智日本橋学園、三田国際学園、渋谷教育学園渋谷、穎明館

千葉　市立松戸の学区（通学区域）が拡大

2019年度入試より、**市立松戸**の全日制普通科の学区（通学区域）が変更・拡大される。

これまでは松戸市内全域に限定されていたが、2019年度からは松戸市内のみならず、隣接市を中心に、市川市、船橋市、習志野市、八千代市、浦安市、千葉市、野田市、柏市、流山市、我孫子市、鎌ケ谷市、成田市、佐倉市、四街道市、八街市、印西市、白井市および富里市、印旛郡内全町全域からの受検生を受け入れる。

なお、同じ市立松戸、全日制の国際人文科の学区は、従来と変わらず県内全域。

県内市立校の市外受検が可能になるのは、**市立船橋**に続くもの。

松戸市周辺の高校で同じくらいのレベルにある、県立の**松戸**、**松戸六実**の募集がどう変化するか、注目していたい。

15歳の考現学

高校で学力競争がなくなる恐れ 大切になるネットでの連帯感

森上《もりがみ》 展安《のぶやす》

森上教育研究所所長。1953年、岡山県生まれ。早稲田大学卒業。進学塾経営などを経て、1987年に「森上教育研究所」を設立。「受験」をキーワードに幅広く教育問題を扱う。近著に『教育時論』（英潮社）や『入りやすくてお得な学校』『中学受験図鑑』（ともにダイヤモンド社）などがある。「わが子が伸びる 親の技（スキル）研究会」主催。教育相談、講演会も実施している。HP：oya-skill.com

多くの公立高校が定員割れの恐れ

先日の読売新聞に全国の公立高校の4割が定員割れをきたしているとの報道がありました。

倍率云々など成立しない、定員割れ、つまり需要不足が明らかなのが全国の高校の実情だというのです。

首都圏では少子化が少し先になるので、あまり現実感がないかもしれませんが、これは紛れもない事実です。

例えば2大都市である大阪ではどうか。

石川一郎・香里ヌヴェール学院長から筆者はこう伺っています。「大阪の高校入試は国立大学である京都大・大阪大・神戸大の8000人と、私立関関同立（関西大、関西学院大、同志社大、立命館大）1万6000人の合格をめざす層においては選抜が成り立っているが、もう5年もすれば少子化により、その層においても倍率は激減する。これまでの入試のために行うような学習は、早晩なくなる情勢だ」と。

また、例えば北海道の高校入試は、私立各校の上位コースが活況を呈している、と地元塾から筆者は聞いたのですが、裏を返すと、成績中間層、下位層は、緩和が進んでいる、と考えた方がいいと思います。

上位コースが活況を呈している、というのは東京、大阪も同様で、都立の進学指導重点校に、大阪の「文理」科設置トップ10校に活気、つまり人気が集まっています。北海道とまったく同じ状況です。

倍率が1倍に届かない＝テストつまり入試がなくて入学できる、という状況が、高校入試のいまや一般的な状況といっていいでしょう。

正確には（倍率のない）入試でも、受験はしなければいけませんが、そこで不合格ということは考えにくい状況が大半だ、ということです。

当然入試プレッシャーが働かないのですから、学力競争がなくなりがちです。かわって注目されているのが、英検に代表されるような資格検査タイプの基準準拠テストです。

対して従来の入試のようなテストは集団準拠テストと称され、いわゆる相対評価テストです（基準準拠の方は絶対評価テストとも言われます）。

前記の石川一郎先生の指摘のようなことが本当に起こるかどうかはさておき、いまは、上位校中心の活況なので、例えば都立は**日比谷**1校集中状況で、**西**、**戸山**、**国立**などへの分散は薄まっています。

つまり活況は活況（上位校人気という意味です）なのですが、その上位校のなかに人気格差が出て、日比谷1校集中のような現象になっている。おそらく、この3年後には日比谷の東京大合格者はかなり増加する。否、増加しないわけにはいきませんね。

その影響はさらに3年後、つまりいまの小6生が高校受験をするころに出てきて、この流れ（1校集中）は決定的になるでしょう。日比谷の東京大合格者が飛躍的に増えるぶん、おそらくほかの都立高の東京大合格者は減少するでしょうから、彼我《ひが》の違いが大きく拡大して人の目に映ることになりそうです。

じつはいま、日比谷につながるルートとして、かつての番町小学校ー麹町中学校ー日比谷という進学ルートが再び着目されています。こうした動きや住居の都心集中がこれを加速していくはずです。

この日比谷のようなトップ校に進学するなら、これまでのような相対評価テストに合わせた学習でもいいでしょうし、一般入試を受けてもいいでしょう。

しかし、多くの緩和した入学状況のなかでの高校進学者にとっては、そのような学習スタイルではスポイルする、つまり学習者を甘やかしてダメにするだけになりますね。少ない人数のなかで、たとえ優位であったとしても、逆に劣位であったとしてもなんの参考にもなりません。

競争のない高校で どう過ごしていくべきか

システムとして、このようになってしまう状況なのですから、多くの高校進学者にとって大切になるのは、低きにつかない、ということにつきるのではないでしょうか。

ただこれが難しい。目の前にいるクラスメイトの方がより具体的で存在感がありますから、そこにいる人のレベルが高くなければ、ついつい低きにつきがちなことも事実です。

そこで重要なことはオンラインとの関係性です。

さまざまにネットワークでつながり、学校外の多様な人々とつながっている、という感覚が大切です。

こうしたネットワークへのアクセスを学校ぐるみでできるところが、なんといってもこれからの学校のあり方です。

カトリック校などは全世界の学校と強いつながりを持っているのはよく知られていますが、例えばインターネット上でスカイプなどを使って議論するのもいいと思います。そしてこの世界的な水準を知るうえで大切なのが英語の力になります。

避けたいのが孤立で、とくに精神的に1人ぼっちになることはなんとしても避けなくてはいけません。

学校がこれからも存在するとすれば、それはなにをもって成立するかというと連帯感です。

これがネットワーク上のことであっても、基本には学校での連帯があってこそ。外部のネットワークでの連帯も意義を増してきます。

ちなみに、英語でアメリカ人の友人と交友関係を結ぶことは、基本的に友好的で、オープンでフェアな感覚を学ぶことになります。

というのもアメリカ人の人間関係が、そもそもそうした社会的連帯で結ばれているからです。

わが国の人間関係の考え方は、そうなっていません。また、言語（日本語）も多義的でどのようにも解釈できるようになっています。よくいえばそこは智恵であり長所ですが、いいことばかりでもありません。

こうしたことは利害関係の発生しない高校生のときにこそ、最も相互に理解し、共感しあえるところです。

そのように考えるとトップオブトップの高校に入って競争的に生きることも、もちろんいいことですが、反対に、そうではない学校に入って、多くの人々とつながり世界標準で物事を考えていく癖をつけていく、その環境に早く身をおくことも一日の長になるのではないかと思います。

もう少し進めて、なるべく多様な人々と交流をして、自らの進む方向性を探り、やってみようと思うことについて、先人のやっていないところまで、およぶ限り極めてみることをすすめたいと思います。

いまは、できそうでないと思えるかもしれませんが、昔と違ってインターネットでつながる世界がかなりハードルを低くしてくれています。

そこで見つけた自らの進路のなかで、競争があるところに行きついたとすれば、競争的に生きることもいいと思います。

しかし、筆者の少ない経験では、競争よりも、協調の難しさを知ることの方に得るものが大きいと信じています。

私立
INSIDE

ここがポイント！推薦入試の作文・小論文

首都圏の私立高校では、推薦入試が近づいてきました。推薦入試につきものの「作文・小論文」について、「こうすれば安心」の攻略法をお話しします。また、2月からの一般入試でも慶應女子、早大高等学院など作文や小論文を課す学校もありますので一読しておきましょう。

「課題作文」という形態の出題が増えている

東京、神奈川の推薦入試、千葉、埼玉の前期入試では、面接と並んで作文や小論文を実施する学校が、かなり見受けられます。しかも、その得点は重要です。公立高校入試でも、東京の「推薦入試」、神奈川の特色検査における「自己表現」のなかなどで作文を実施する学校があります。

今回は「作文、小論文」のスコアアップについて考えます。

もちろん、厳密にいえば、国語の記述式解答も作文といってよく、高校入試においては避けては通れない関門といっていいでしょう。

ここでは入試直前の、いまからでも間に合う「作文・小論文」のコツのみを並べておきますので、前日にも読み返し、落ち着いて入試に臨みましょう。

作文の出題は、タイトルやテーマが与えられて書く「テーマ型」のものと、「課題作文」といって、短い問題文を読んでからその感想や意見、要約などを求められるものとがあります。

この「課題作文」形式が多くなっているのが最近の傾向です。いずれも字数指定は２５０字～４００字が一般的です。

前者の「テーマ型」の場合は「あなたの長所と短所について」「中学3年間での達成したこと」「春、夏、秋、冬の季節のうち、あなたが最も好きな季節について、原稿用紙に３００字以内の文章を書きなさい」など、そのテーマは短いことが多く、自分の経験や考えに基づく自己表現、自己評価、自らの意見などを書かせるものが多くなっています。

後者の「課題作文」形式の場合には「学校の図書館の利用を活発にするために、新しいコーナーを設けることになった。そのコーナーになにを並べるかについて委員会で話しあったところ、次のような案が出された。あなたならどの案を選ぶか。選んだ案について、あなたの考えを書きなさい。①授業に役立つ本や資料。②文学や歴史などのマンガ本。③文学作品の朗読テープ。④SFや推理小説などの本。」

「あなたの中学校に新しい1年生が入学してきます。1年生はさまざまな不安も抱えているものです。あなたは、そんな1年生が充実した中学校生活を送るためにはどうしたらよいか、そのアドバイスを３００字以

内にまとめなさい。」

などといった課題や、世論調査のデータなどを読み取ってまとめる問題が課せられることになります。

出題の意図として、「課題作文」は、問題文への読解力も試すことができ、作文に書かれるべきポイントを先に設定しておけば、評価を点数化することも可能なので、各校が採用するようになってきたのです。

作文を書いてもらうことで じつは人物を評価したい

学校側も1人の先生がすべての作文に目を通す時間はありませんので、基準を設けて公平性が保たれるように評価しています。

作文における学校側の評価基準には、次のようなポイントがあります。

①国語の基礎力……漢字や語句、文法知識。

②表現力・読解力……どのような思考過程か。

③自主性・積極性・協調性・向上意欲……責任感や明るさが感じられるか。

④態度・人柄・ものの見方……学力を離れた個性・姿勢。

これらをポイントに、学校側は受験生の人間性・人格などをみようとしているのです。

では、どのようにすれば、評価される「作文」を書くことができるのでしょうか。

例えば「課題作文」には読解力も必要ですが、ただ読み取れればいいというものではありません。読み取った内容を「作文」に表現するには、そこから発展させて自分の意見をまとめる力、さらにそれを表現する力が必要です。

先ほど見てきた出題文のなかに「あなたが…」「あなたは…」「あなたの…」という言葉が出てきたことに気づいたでしょうか。つまり、すでに推薦入試が近づいたいま、なにより大切なのは、恥ずかしがらずに自分自身の考え、意見で文章を書くことが大切だということです。

よく「作文はなにを書いたらいいかわからない」という受験生がいますが、「課題作文」は、その「なに」の部分が初めからあるのですから、ある意味、「書きやすい」といえます。

合格する作文のための 注意すべき4ポイント

では、どのような手順で書いていけば、合格する作文を提出することができるのでしょうか。

①「テーマを決める」

時間内に解答用紙を埋めなければならないのですが、やみくもに書けばいいわけでもありません。必ず書き始める前に、なにを書くか、つまり、出題された課題について自分なりのテーマを考えます。

書き始めると色々なことが頭に浮かび、話があちこちに飛んでしまう場合があります。それでは結局なにが言いたかったのか、読んでいる先生にはあなたの主張が伝わりません。試験時間も限られていますので、初めから書き直すというのは大きな時間のロスにもなります。

それを避けるためにも、まず、なにについて、どう書くかを決めてから書き出すことが重要です。

自分がなにについて書くか、タイトルをつけたり、問題用紙の端にポイントを箇条書きにしておくのもいいでしょう。

また、あまりに大きなテーマや、あいまいなテーマにせず、身近な事例や具体性のあることで書き出せば、短時間に書き進めることができます。

②「構想と段落を考える」

なにを書くかが決まれば、それをどのように書くかを考えます。まず、主張がよりわかりやすいように心がけます。字数が限られていますから、書き始めや文章の終わり方を考えてから書きましょう。

指定された字数をオーバーしないことはもちろんですが、少ないのもNGです。その字数に限りなく近いことが条件です。ただ、解答用紙が埋まらないからといって、だらだらと書いてしまっては、言いたいことのポイントが薄れてしまいます。

③「文はなるべく短めに」

読み手にとって文章の内容がわからなくなるのは、1つの文が必要以上に長い場合です。文とは句点（。）で区切られたまとまりのことです。文が長いと、主語、述語の関係や、修飾語がどこにかかっているのかわかりづらくなるのです。

文章を書く技術として適切な場所に読点（、）を打てば意味の取り違えはなくなりますが、それよりも短い文を2つ並べた方が、簡単に意味がわかります。

④「文体」

「です・ます調」（敬体）か「である調」（常体）を統一します。これが文章のなかで混在すると、1つの文章であるというまとまりが感じられなくなってしまいます。

公立
CLOSE UP

公立高校入試展望2019【神奈川編】

安田教育研究所　代表　安田《やすだ》　理《おさむ》

2017年度（平成29年度）、神奈川県の公立高校入試にマークシート方式が一部導入されました。それから3年目の2019年度入試も、公立中学卒業予定者数減のため、募集数が減少します。普通科では320人削減されますが、専門学科と総合学科は増員、前年に続いて1クラス募集減校と募集増校が10校を超えます。

募集増加率はほぼ変わらず

2019年度の公立中学卒業予定者数は413人減の6万8727人です（前年と比べ、0・6％減）。公立高校では216人減の4万3077人を募集の予定です（前年比で0・5％の削減）。2年続けて人口減少の割合とほぼ同じです。平均実倍率は2016年度（平成28年度）から1・21倍→1・20倍→1・19倍と推移しています。2019年度もそう大きく変わらないでしょう。

2018年度（平成30年度）は**磯子**と**氷取沢**の2校が募集を停止しましたが、2019年度は募集停止校はなく、15校で1クラスぶんの募集数を減らします。また、**横浜国際**と**吉田島**で新学科の募集を開始します。

例年定員削減校は前年に臨時増加したところが元に戻すケースが多いですが、2019年度は定員割れ校や低実倍率校の削減もめだちます。

横浜国際が新学科募集開始 横須賀と鎌倉は募集減

地域によって人口の増減があるなどの理由で、募集減15校に対し、募集増は10校です。

上位校では前年に臨時増の**横須賀**、**鎌倉**が元に戻すため40人募集数を減らします。横須賀の実倍率は1・42倍→1・25倍→1・16倍、鎌倉は1・32倍→1・31倍→1・17倍でした。両校とも定員増によって倍率が緩和しました。2019年度は倍率が上昇する可能性が高いですが、2年前と同じ程度と考えれば敬遠するほどの厳しさにはならないでしょう。

一方、2年連続で募集数を減らしていた横浜国際が、県立高校では初の国際バカロレア（ＩＢ）認定をめざす学科の募集を開始します。認定されれば県内では**法政国際**（元・法政女子）に続いて2校目です。

ＩＢに認定されるには少人数制であることをはじめ、さまざまな条件が求められますが、そのうちの1つに施設の充実が含まれます。そのため、新コース設立にあたり2019年度には新校舎を建設する予定です。これまでも女子を中心に人気を集めてきましたが、ＩＢコース（仮称）もどこまで人気を集めるか注目されます。同校国際科の実倍率は1・38倍→1・38倍→1・48倍と厳しい入試が続いていますが、ＩＢに人気が集中すると国際科本科の倍率が若干緩和することも考えられます。

自己表現検査の共通問題・共通選択問題一部導入へ

横浜翠嵐、**湘南**をはじめ学力向上進学重点校エントリー校の一部で実施されている特色検査を２０１９年度は11校が実施します。

特色検査は自己表現検査と実技検査の2種類がありますが、進学重点校やエントリー校で実施されているのは自己表現検査です。２０１８年度までは各校独自の作成でしたが、２０１９年度からは一部の学校で県共通問題と共通選択問題とで実施されます。導入されるのは横浜翠嵐、湘南、**柏陽**、**厚木**の進学重点校４校と**希望ケ丘**、**平塚江南**、横須賀を合わせた7校で、「共通問題」と各校が選ぶ「共通選択問題」の両方を組み合わせて出題される予定です。

２０２０年度には新たな「学力向上進学重点校エントリー校」13校と進学重点校４校を合わせた17校に拡大して「共通問題」と「共通選択問題」を使用して実施される予定です。

選抜エントリー校のうち、２０１９年度に自己表現検査を行うのが希望ケ丘、平塚江南、横須賀、**横浜緑ケ丘**で、横浜緑ケ丘だけが学校独自の記述型で自己表現検査を実施します。その他のエントリー校は**光陵**、**川和**、鎌倉、**多摩**、**小田原**、**横浜平沼**、**大和**、**相模原**、**茅ケ崎北陵**です。光陵は２０１９年度のみ自己表現を実施せず、小田原は２０１８年度の廃止から2年で再導入することになります。その他の7校では現中2生が受検する年度から初の実施です。

その他の２０１９年度の自己表現検査実施校は3校あります。**市立横浜サイエンスフロンティア**、横浜国際（ＩＢ）が独自問題で記述型、**神奈川総合**（国際文化コース）が討論型の独自検査を実施します。

進学重点校４校の人気動向は？

公私立を問わず受験生の人気を左右する要因の1つに東京大の合格者数があります。２０１８年度は横浜翠嵐が前年の34人から14人に大幅ダウンしたのに対し、湘南は18人から25人に増加しました。実倍率では横浜翠嵐が1・62倍→1・61倍→1・83倍、湘南は1・38倍→1・26倍→1・37倍と推移しています。人気・倍率の高さでは横浜翠嵐がトップですが、東京大合格者数の逆転が影響するのか気になるところです。湘南は隔年現象があれば減少する年にあたりますが、果たして結果は？

厚木は東京大合格が1人から5人に増えましたが、柏陽は東京大合格はなく京都大に1人合格を出しています。厚木の実倍率は1・23倍→1・22倍→1・23倍、柏陽は1・43倍→1・46倍→1・27倍と両校とも２０１８年度は1・20倍台でした。全体の平均実倍率が1・20倍ですから、高くはありません。両校が重点校に指定されたのが２０１８年の3月末でしたので、２０１９年度が指定後初の入試になります。

マークシート導入から3年目

２０１７年度から採点ミスを防ぐために学力検査にマークシート方式が一部導入されました。

導入初年度の平均点は上昇しましたが、2年目の２０１８年度に上昇したのは英語のみで、5科平均点の合計は25点ほどダウンしています。とくに理科・社会の低さがめだちます。マークシート方式の出題は極端に減っていないので、選択問題でも多くの受験生にとっては難しい出題が増えたということでしょう。

3年目の２０１９年度は大きくダウンした反動で易しくなることも考えられます。

神奈川より1年早くマークシート方式が導入された東京では、上昇傾向が見られました。しかし、最近5年間の推移を見ますと２０１７年度が突出して高いため、難度はあまり変わらない可能性が高いと思われます。

【２０１９年度　神奈川県公立高校募集数変更校（カッコ内の数値は２０１８年度実倍率）】

増員校…横浜国際（国際科国際バカロレアコース〈仮称〉）（1・48）、**弥栄**（1・19）、**生田**（1・18）、**七里ガ浜**（1・36）、**藤沢西**（1・36）、**横須賀大津**（1・14）、**深沢**（1・28）、**藤沢清流**（1・38）、**座間総合**（総合学科）（1・30）、吉田島（生活科学科）（1・04）

減員校…横須賀（1・16）、鎌倉（1・17）、**伊志田**（1・10）、**橋本**（1・02）、**横浜清陵**（1・32）、**百合丘**（1・01）、**川崎北**（1・18）、**山北**（1・01）、**横浜桜陽**（1・01）、**厚木清南**（1・04）、**三浦初声**（1・00）、**釜利谷**（1・00）、**大師**（1・00）、**永谷**（1・00）、**大井**（1・00）

※横浜国際と吉田島は新学科の増員。カッコ内は国際科と普通科の数値。

高校入試の基礎知識

入学願書を書くことは高校進学へのスタート台

いよいよ受験が近づいてきた3年生。勉強のラストスパートはもちろんですが、ほかにもやっておかなければならないことがあります。そのなかで最も重要なのが「入学願書」の提出です。高校受験では願書は受験生自身が書かなければなりません。今回は、入学願書の書き方についてお話しします。

窓口・郵送出願

受験生本人が書く 高校の入学願書

高校受験における「入学願書」は、受験生本人が書きます。

このような正式書類を書くのは初めて、という人が中学生なら大半だと思いますが、これも高校進学の第一歩と考えて、その学校に進学したいという思いを込めて書きましょう。

一部、保護者氏名の署名欄など、保護者が書くことを求められる欄もありますが、「受験生本人自署のこと」「受験生本人が記入すること」などの注意書きがある願書、また、その欄は、必ず本人が記入します。

願書記入欄のうち「志望動機」や「本校を志望した理由」などは必ず本人が書く必要があります。

面接がある学校では、面接官が願書を見ながら質問をします。自分で記入しておかないと、書いた内容と面接での答えが合わなくなり怪訝《けげん》な顔をされてしまいます。

面接がない場合は、願書の「志望動機欄」が唯一の意思表示の場です。「この学校に入りたい」という思いを願書でしっかり伝えましょう。

保護者が記入すべきものには「健康調査書」などがあります。

捺印欄のチェックなど 必ず「見直し」をする

書き終わった入学願書をチェックするときには、捺印の漏れがないかを、まず一番にチェックします。

また、記入欄のずれがないかも確認します。生年月日、中学校の卒業見込み年度などの数字も間違いやすいポイントです。元号で記す場合と西暦で記入する場合があります。

ふりがなについては、「ふりがな」とあるときはひらがなで、「フリガナ」とあるときにはカタカナで記入するのが常識です。

私立高校の場合は、複数の試験日程のうち、自分が受験する日に○印をします。受験日が間違っていないか、よく確認してから記入します。

「緊急連絡先」の欄は、受験時のトラブル対処のためもありますが、合格発表時に補欠であったとき、「繰り上げ合格連絡」に使われますので、すぐに連絡が取れる電話番号を書き込みます。

複写式の願書や提出書類もあります。必要なページにそれぞれ複写されているかを確認します。厚紙をはさむ場所を間違え、文字がすべて写っていなかったなど、複写に失敗することもあります。

顔写真は、眼鏡など受験日のスタイルで撮影し、指定された大きさにして貼ります。念のため、写真の裏に氏名を書いておきます。

最後に、入試要項や「入学願書記入上の注意」で再確認します。

記入ミスが見つかった場合、最もいいのは、もう1通願書を用意しておいて、ミスした1枚全部を書き直すことです。それが難しければ、間違えたところを2本線で消し、そのうえに正しい記述をしたあと印鑑を押します。訂正印（訂正用の小さな印鑑）があればベターです。注意書きに「訂正する場合は…」が示してあるときはそれに従います。

提出のための封入では、他校の封筒に誤って封入することのないよう、1校ずつ、記入→封入までを行うようにします。

願書提出時も要注意
提出期間は定められている

願書提出には窓口持参、郵送、Web利用があります。郵送のみ、Webのみという学校もあります。

少なくなりつつありますが、窓口持参の場合、同じ日に2校をまわり、他校の書類を窓口に並べてしまう失礼のないようにしましょう。

このとき、願書記入に使用したペンと、捺印で使用した印鑑を持っていくことをおすすめします。受付で記入漏れの指摘を受けた場合に、その場で修正できるからです。

郵送の場合には、締切ぎりぎりの投函は避けましょう。窓口持参の場合は、土日に受付があるか、また、受付時間帯も調べておきましょう。とくに最終日は要チェックです。

返送されてきた受験票は、クリアファイルなどで学校別に分けて保管します。入試当日に他校の受験票を持っていくなどのアクシデントが起きないように注意しましょう。

Web出願

Web出願のメリットは
学校と受験生双方にある

公立高校では、まだ普及が進んでいませんが、私立高校ではWeb出願（インターネット出願）が、むしろ主流になってきました。

前項の「窓口・郵送出願」では、紙の願書に書き込んでの出願でしたが、「Web出願」では、インターネット上から出願手続きを行います。

顔写真については、写真データをアップロードする学校と、入力した願書をプリントアウトし、顔写真を貼って郵送する学校があります。

学校まで行って手に入れるなど願書請求の手間が省ける、郵送費の軽減、支払いが便利、受験料を割引する学校もあるなど、受験生にとってのメリットがあります。学校に行かずとも、また返信用封筒を入れて学校に郵送請求するなどしなくとも、願書の関係書類が手に入るメリットが最も大きいでしょう。

学校側も願書を多くの受験生に郵送したり、一度に願書が殺到したりするなどして起こる業務過多が軽減するメリットがありますので、導入校は今後ますます増えるでしょう。

ただ、紙の願書に比べて便利になったとはいえ、Web出願には独特の手順があり、決まりに従ってしっかりと出願しなければなりません。

手順は、学校によって違いはありますが、その高校のWebサイトにある「申し込みフォーム」に、必要事項を入力して送信します。

次に指定日までに受験料の振り込みを行い、必要書類を郵送すれば出願完了となります。

受験票は、自宅のパソコンを使ったり、コンビニのシステムでプリントするという方法をとっている学校もあります。

Web出願にも注意点あり
やはり事前の確認が肝心

Web出願は便利ですが、すべてをインターネット上だけで終了できるわけではありません。

あらかじめ志望校の出願方法や必要な書類を確認したうえで、余裕をもって出願しましょう。

受験料の支払いについても、指定日までに支払わなければ申し込みが取り消しになります。期限にはとくに注意しましょう。取り消される場合に学校側から連絡がくるとも限りません。

Web出願は、スマートフォンなどにも対応していますが、プリントアウトも必要なので、やはりパソコンでの利用が便利です。

受験勉強の追い込みの時期に時間や手間が節約でき、急な志望校変更などにも対応しやすいため、Web出願は、受験生にとって、嬉しい出願システムともいえるでしょう。

11月号の答えと解説

問題 ▶ 論理クイズ

Ａ～Ｅの５チームが、総当たり戦でサッカーの試合を行いました。勝ちを３点、引き分けを１点、負けを０点として勝ち点を計算して、勝ち点の多いチームから順位をつけました。試合の結果と勝ち点について、次のことがわかっています。

①優勝はＥチームでした。
②ＣチームはＥチームに、ＤチームはＢチームに勝ちました。
③ＡチームとＣチームの勝ち点は、それぞれ４点と８点でした。
④引き分けは２試合ありました。

このとき、Ａチームの対戦結果について、正しく述べているのは**ア**～**エ**のうち、どれでしょうか。

ア　Ｂチームには勝ち、Ｄチームには負けた。
イ　Ｂチームには負け、Ｄチームには勝った。
ウ　Ｂチームには勝ち、Ｄチームには引き分けた。
エ　Ｂチームには引き分け、Ｄチームには勝った。

解答 ▶ ア、イ

解説

条件①～③を整理すると、右表１のようになります。これより、Ｅチームが優勝するためには、勝ち点９を取ることが必要なので、Ｅの対戦成績は３勝１敗、Ｃは勝ち点８なので、Ｃの対戦成績は２勝0敗２引き分けとなります。さらに、条件③から、Ａは勝ち点４なので、Ａの対戦成績は１勝２敗１引き分け（引き分けの相手はＣ）ということになります。

以上のことから、ＡはＢ、Ｄどちらに勝ったか、また、ＣはＢ、Ｄどちらに勝ったかで表２～５までの４通りの場合が考えられます。

したがって、選択肢の「ウ」と「エ」は誤りで、「ア」と「イ」はどちらも正解となります。

【お詫び】11月号掲載時に、試合の結果と勝ち点について、「Ａ～Ｅのうち、勝ち点０のチームはなく、勝ち点が同じチームもありませんでした」の条件を入れ忘れたため、選択肢の「ア」と「イ」のどちらも成り立つことになってしまいました。そのため、今回は「ア」、「イ」、「ア、イ」でご回答いただいたみなさんを正解としました。申し訳ありませんでした。

表１

	A	B	C	D	E	勝ち点	順位
A						４点	
B				×			
C					○	８点	
D		○					
E			×				１位

表２

	A	B	C	D	E	勝ち点	順位
A		○	△	×	×	４点	４位
B	×		△	×	×	１点	５位
C	△	△		○	○	８点	２位
D	○	○	×		×	６点	３位
E	○	○	×	○		９点	１位

表３

	A	B	C	D	E	勝ち点	順位
A		×	△	○	×	４点	３位
B	○		△	×	×	４点	３位
C	△	△		○	○	８点	２位
D	×	○	×		×	３点	５位
E	○	○	×	○		９点	１位

表４

	A	B	C	D	E	勝ち点	順位
A		○	△	×	×	４点	４位
B	×		×	×	×	０点	５位
C	△	○		△	○	８点	２位
D	○	○	△		×	７点	３位
E	○	○	×	○		９点	１位

表５

	A	B	C	D	E	勝ち点	順位
A		×	△	○	×	４点	３位
B	○		×	×	×	３点	５位
C	△	○		△	○	８点	２位
D	×	○	△		×	４点	３位
E	○	○	×	○		９点	１位

中学生のための 学習パズル

今月号の問題

英語クロスワードパズル

カギを手がかりにクロス面に単語を入れてパズルを完成させましょう。

最後にa～gのマスの文字を順に並べてできる単語を答えてください。

1	2		3	■	4		5	■	6
■		■	7 a			■	8		
9		10		■	11 f			■	
	■		■	12		■	13	14 e	
15	16	g	17	■	18	19	■		■
■		■	20	21	■	22	23		24
25		26	■	27		■	b	■	
	■	28			■	29		30	
31 d			■	32			■		■
	■	33		c	■	34			

ヨコのカギ（Across）

1 アジア
4 She ____s on a nice hat.
（彼女は素敵な帽子をかぶっている）
7 racing ____、cable ____、patrol ____
8 Here you ____.（さあ、どうぞ）
9 ____ night（昨夜）
11 インク
12 I have ____ apple.
13 I ____ toast for breakfast.
15 goの過去分詞
18 I'd like ____ play soccer.
20 ⇔down
22 ____room、____sick、____work
25 ____. Brown（ブラウン婦人）
27 Hurry、____you'll miss the train.
（急いで、さもないと列車に乗り遅れるよ）
28 ____ do you do?（はじめまして）
29 星
31 ____ plus four is six.
32 目
33 ⇔ peace
34 道具

タテのカギ（Down）

2 the ____ of Japan（日本海）
3 ____ress（女優）
4 印刷する、出版する
5 ____ it easy（気楽にやる、のんきにかまえる）
6 the ____ of friends（最良の友）
9 脚、足
10 The earth goes around the ____.
14 腕、武器
16 weの所有格
17 欧州連合の略称
19 おお、ねえ
21 力、能力
23 ⇔ in
24 耳
25 数学
26 ____ your ticket、please.（切符を拝見します）
29 沈む、没する⇔ rise
30 Long, long ____（昔々）

応募方法

左のQRコードからご応募ください。
◎正解者のなかから抽選で３名の方に図書カード（1000円相当）をプレゼントいたします。
◎当選者の発表は本誌2019年３月号誌上の予定です。
◎応募締切日 2019年1月15日

11 月号学習パズル当選者

全正解者13名

藤原　裕貴さん（中２・東京都東久留米市）
柿沼　陽斗さん（中２・神奈川県川崎市）
髙橋　幹成さん（中２・東京都練馬区）

に挑戦!!

宝仙学園《ほうせんがくえん》高等学校共学部 理数《りすう》インター

問題

次の［規則］によって，座標平面上に点をとっていく。

［規則］

Ⅰ．移動前の点の x 座標と y 座標の和が，移動後の点の x 座標となる。

Ⅱ．移動前の点の x 座標と y 座標の差が，移動後の点の y 座標となる。

最初の点を P_0（1，0）とし，P_0を［規則］によって移動させた点をP_1，P_1を［規則］によって移動させた点をP_2とする。

同様にして，次々とP_3，P_4，P_5，……と点をとっていくとき，次の問いに答えなさい。

(1) 点P_3の座標を求めなさい。

(2) 点P_0から点P_8まで順に結んだ線分と，x 軸とで囲まれる図形の面積の総和を求めなさい。

(3) n を正の偶数とする。3点O，$Pn-1$，Pnを結んでできる三角形の面積が2^{2018}であるとき，n の値を求めなさい。ただし，式や考え方も書きなさい。

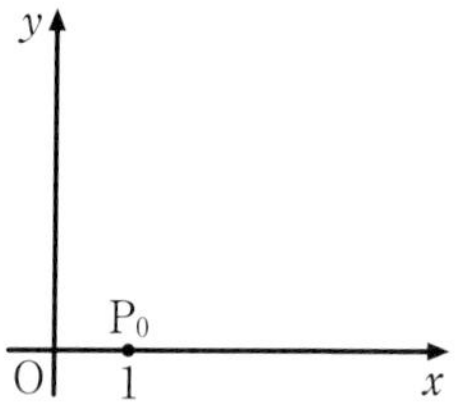

解答　(1) $P_3(2, 2)$　(2) $\frac{85}{2}$　(3) 式・考え方：$P_0(1, 0)$　$P_1(1, 1)$　$P_2(2, 0)$　$P_3(2, 2)$

$P_n(2^{\frac{n}{2}},\ 0)$　P_{n-1} $(2^{\frac{n}{2}-1},\ 2^{\frac{n}{2}-1})$ より

$\triangle OP_{n-1}P_n$は底辺の長さが$2^{\frac{n}{2}}$ 高さが$2^{\frac{n}{2}-1}$

よって$\frac{1}{2}\cdot 2^{\frac{n}{2}}\cdot 2^{\frac{n}{2}-1}=2^{2018}$

$(2^{\frac{n}{2}})^2=2^{2020}$　$2^n=2^{2020}$　$n=2020$

答え：$n=2020$

● 東京都中野区中央2-28-3
● 地下鉄丸ノ内線・都営大江戸線「中野坂上駅」徒歩3分
● 03-3371-7103
● https://www.hosen.ed.jp/shs/

入試日程

推薦入試　1月22日(火)
一般入試　2月10日(日)
　　　　　2月12日(火)

麗澤《れいたく》高等学校

問題

次の各文の下線部には文法的な誤りが1ヵ所あります。その部分の記号と正しい語(句)を書きなさい。

1．"Why do you ア<u>look so happy</u>?"　"I イ<u>am going to</u> go to the amusement park tomorrow! I ウ<u>have never been</u> to the park, so エ<u>I am exciting</u> now!"

2．My father ア<u>is</u> イ<u>looking forward</u> to ウ<u>have</u> エ<u>dinner</u> with his old friend.

3．ア<u>A friend of mine</u> and I イ<u>are</u> planning ウ<u>to go to</u> Australia this February, and we will エ<u>stay to there</u> for a week.

解答例　1．記号：エ、正しい語（句）：I am excited　2．記号：ウ、正しい語（句）：having / eating
3．記号：エ、正しい語（句）：stay there

● 千葉県柏市光ヶ丘2-1-1
● JR常磐線「南柏駅」バス
● 04-7173-3700
● https://www.hs.reitaku.jp/

ミニ入試説明会〈要予約〉

1月5日(土)　14：30〜15：30
※説明会終了後、希望者を対象に施設見学(約20分)と個別説明または寮見学・寮説明会(約50分)と個別説明あり

入試日程

第1回　1月17日(木)
　　　S特進コース・特選コース
第2回　1月18日(金)
　　　S特進コース・特選コース
※第1回、第2回のどちらかを受験
（両方受験も可能）

私立高校の入試問題

大《おお》宮《みや》開《かい》成《せい》高等学校

問題

図のように，１辺の長さが６の正三角形ABCの紙がある。辺AB，BC，CA上にそれぞれ点P，Q，Rをとり，線分QRを折り目としてこの紙を折ったところ，頂点Cが点Pに重なった。AP : PB＝１：２であるとき，次の $\boxed{ア}$ ～ $\boxed{カ}$ にあてはまる数字を，それぞれ１つずつ答えなさい。

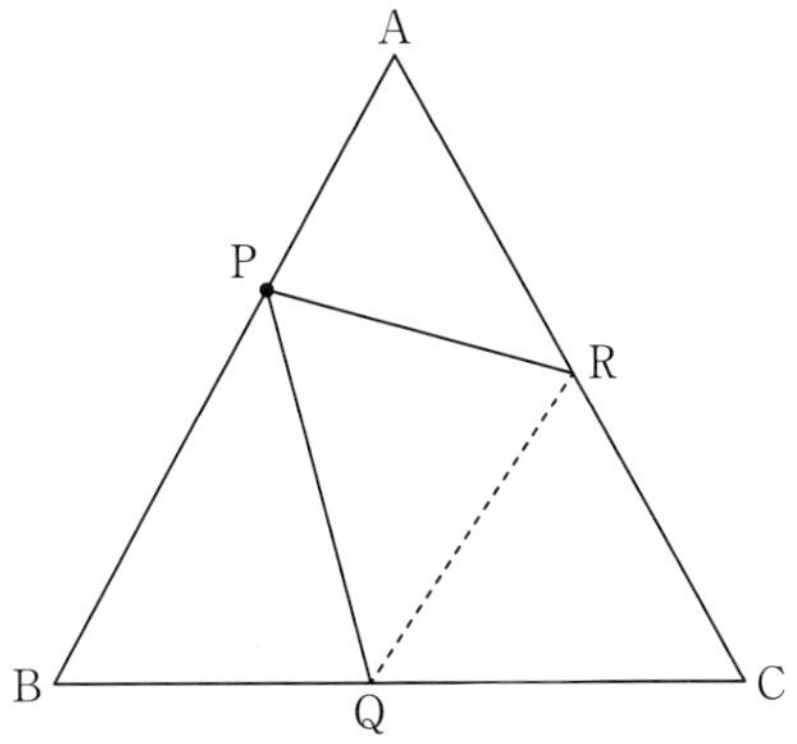

(1) ∠ARP＋∠PQB＝$\boxed{ア}\boxed{イ}\boxed{ウ}$°である。

(2) 線分CRの長さは，$\dfrac{\boxed{エ}\boxed{オ}}{\boxed{カ}}$ である。

解答 (1) ア1、イ2、ウ0　(2) エ1、オ4、カ5

- 埼玉県さいたま市大宮区堀の内町1-615
- JR京浜東北線ほか「大宮駅」徒歩19分またはバス
- 048-641-7161
- http://www.omiyakaisei.jp/

入試日程

単願入試　1月22日（火）
併願入試A　1月23日（水）
併願入試B・特待選抜入試　1月24日（木）

専《せん》修《しゅう》大《だい》学《がく》附《ふ》属《ぞく》高等学校

問題

ある微生物は，室温が30℃未満の環境では１時間で２倍の数に増殖し，室温が30℃以上の環境では１時間で３倍の数に増殖する。この微生物について，室温の設定を１時間ごとに行い観測する。次の各問いに答えなさい。

(1) ２匹の微生物を，室温が30℃未満の環境で２時間増殖させたあと，室温を30℃以上の環境にして３時間増殖させた。微生物は全部で何匹になっているか。

(2) 何匹かの微生物を５時間増殖させたところ，ちょうど360匹になった。最初に微生物は何匹であったか。

(3) １匹の微生物が５時間後に初めて50匹を超えるように増殖させる室温の設定は全部で何通りあるか。

解答 (1) 216匹　(2) 5匹　(3) 16通り

- 東京都杉並区和泉4-4-1
- 京王線「代田橋駅」・地下鉄丸ノ内線「方南町駅」徒歩10分、京王井の頭線「永福町駅」徒歩15分
- 03-3322-7171
- http://www.senshu-u-h.ed.jp/

入試日程

推薦入試　1月22日（火）
一般入試　2月10日（日）

Letter Section

みんなの お便りコーナー

サクセス広場

テーマ

勉強時の息抜き方法

犬と遊ぶ。ぼくが勉強を始めると、邪魔しちゃいけないと思っているのかとてもおとなしくなるので、休憩のときには思いっきり遊んであげます。
（中３・ボーダー・コリーが好きさん）

好きな歌い手さんの曲をまったりと聴くことです！！　その後やる気が起きるかはわからないですけど（笑）。
（中１・パンナコッタさん）

思いっきり**伸びをして、ぼーっとする**ことです。伸びをしたあと、すぐ勉強するんじゃなくて、ちょっとぼーっとすると、なにもしてない時間になって、少し楽になるんです。
（中１・でも勉強時間は１時間さん）

勉強が一段落したら、外に出たりして**自転車に乗って**少しの間、気分をかえて風をあびると、気持ちよさそうですね。
（中２・あつやっきーさん）

YouTubeの**ゲーム実況動画**をみる。本当は自分もゲームしたいけど、やりだすとやめられなくなるので、ほかの人のプレイをみて、自分もした気になって気分転換する。
（中３・ウイイレ好きさん）

家の周りを**猛ダッシュ**。思いっきり走るとストレス発散にもなるし、運動不足解消にもなるし一石二鳥！
（中３・るんるんさん）

テーマ

クリスマスの思い出

サンタの存在を信じていた幼稚園のころ、親が**車に隠していたプレゼント**を発見してしまったときの衝撃は忘れられません。
（中１・いまは親サンタ大歓迎さん）

クラスのイツメン（好きな人も）で**カラオケ**に行きました。ピザにタバスコを入れてドッキリや、合唱コンクールの歌をみんなで大合唱しました。あのときのプリクラは一生の宝物です。
（中２・みゆもれさん）

毎年母と**クリスマスリースを手作り**しています。今年はちょっと大人っぽいおしゃれなのを作りたいなぁ。
（中１・M.O.さん）

昨年家族で見に行った東京ドイツ村の**イルミネーション**。とてもきれいでしたが、帰りに渋滞にはまってみんなぐったり。今年は近場にします。
（中２・イルミ好きさん）

小学生のころ、一度、手紙まで書いたのに、サンタさんが**全然違うプレゼント**をくれたことは忘れられません。別の人と間違えたんですかね…。
（中３・さんたがたどこさcouldさん）

テーマ

タイムスリップできたら…

父の若いころに会いにいきたいです。父がよく「お父さんは学生のころ、勉強もスポーツもよくできて、モテモテだったんだ！」と言っているので、本当かどうか確かめたいです！
（中２・S.S.さん）

原始時代に行って骨付き肉を食べる。よくマンガで見るでかい肉、あれが美味しそうで一度食べてみたい！
（中１・食いしんぼーさん）

今度ある音楽のテストで、みんなの前で１人で歌うのがいやすぎる。だから**テストの翌日**にタイムスリップして、知らぬ間にテストが終わった展開希望！
（中１・音痴なさん）

この前、映画『ジュラシック・パーク』を見ておもしろかったので、断然**恐竜がいた時代**に行きたいです。
（中１・Tレックス最高！　さん）

平安時代に行き、十二単《じゅうにひとえ》とか着て、優雅に歌を詠んでみたい。
（中３・現実逃避さん）

必須記入事項

A／テーマ、その理由　**B**／郵便番号・住所
C／氏名　**D**／学年　**E**／ご意見、ご感想など

右のQRコードからケータイ・スマホでどしどしお寄せください！
住所・氏名は正しく書いてください。
ペンネームは氏名のうしろに（　）で書いてネ！
【例】サク山太郎（サクちゃん）

Present!!　掲載された方には抽選で３名に**図書カード**をお届けします！
（500円相当）

募集中のテーマ

「あなたの考える新元号」

「東京の名所といえば？」

「苦手教科克服成功体験談」

応募〆切 2019年1月15日

ここから応募してね！

ケータイ・スマホから上のQRコードを読み取って応募してください。

世間で注目のイベントを紹介

サクセスイベントスケジュール 12月～1月

季節の果物 リンゴ

8～12月に収穫され、11・12月に流通量がピークを迎えるリンゴ。「でもリンゴって1年を通して売られているよね？」と思った人もいるだろう。秘密は貯蔵方法。外気を遮断し空気組成を調節するCA貯蔵という方法で、いつでも新鮮なリンゴが食べられるんだ。

1

＼＼果てしない北斎ワールド／／

新・北斎展 HOKUSAI UPDATED

1月17日（木）～3月24日（日）
森アーツセンターギャラリー

江戸時代後期の画家・葛飾北斎《かつしかほくさい》。「冨嶽三十六景 神奈川沖浪裏」や『北斎漫画』で有名だが、これらは約70年におよぶ北斎の画業のほんの一部でしかない。展覧会では20歳のデビューから90歳で没するまで、北斎の絵師としての人生を多くの作品をとおして網羅的に紹介。今回が初公開となる作品も多く、北斎の新たな魅力に出会える。Ⓟ5組10名

会期中、展示替えあり

2

＼＼ディズニーの創造の軌跡／／

ウォルト・ディズニー・アーカイブス展 ～ミッキーマウスから続く、未来への物語～

12月19日（水）～1月20日（日）
横浜赤レンガ倉庫1号館

ウォルト・ディズニーとウォルト・ディズニー・カンパニーに関する史料を収集・保存する「ウォルト・ディズニー・アーカイブス」のコレクションから、約420点の貴重なアイテムを展示。『美女と野獣』『パイレーツ・オブ・カリビアン』などの映画で使用された衣裳やミッキーマウスを特集したショーケースなど、ディズニーの夢の世界を楽しめる。

3

＼＼学び、遊んで、成長する／／

子どものための建築と空間展

1月12日（土）～3月24日（日）
パナソニック 汐留ミュージアム

子どものためにつくられた建築や空間がテーマ。日本の近代教育が始まった明治から現代までの建築・デザイン史から、時代に沿って変化する子どものための場所を紹介。幼児教育および初等教育の場となる建築42作品、児童遊園、図書館などの児童施設25作品を取り上げる。学んでみたい、遊んでみたいと思う場所がきっとあるはず。Ⓟ5組10名

4

＼＼ハンドメイドファン必見／／

Makuhari Handmade Festa 2018

12月22日（土）～12月24日（月振）
幕張メッセ国際会議場

世界に1つだけの手作り作品に出逢えるハンドメイドの祭典に注目。アクセサリー、さまざまな雑貨、イラストや写真といったアート作品、家具、フードなど、多彩なカテゴリーのクリエイターが集まり、作品を展示、販売している。出店ブース数は3日間合計で約1200ブースという充実度だ。手仕事の魅力を体験できるワークショップも開催される。

5

＼＼動物アート大集合／／

国宝 雪松図と動物アート

12月13日（木）～1月31日（木）
三井記念美術館

三井記念美術館の年末年始の恒例となった「国宝 雪松図屏風《ゆきまつずびょうぶ》」（円山応挙《まるやまおうきょ》）の展示。今年は色々な動物アートもいっしょに楽しめる企画となっているのが特徴。茶道具、絵画、工芸品など厳選された芸術作品に登場するほ乳類、鳥類、魚介類、昆虫、さらには想像上の動物である龍、獅子《しし》、鳳凰《ほうおう》などの幅広い生きものたちの姿を見に行ってみよう。

6

＼＼2人の芸術家／／

イサム・ノグチと長谷川三郎 －変わるものと変わらざるもの

1月12日（土）～3月24日（日）
横浜美術館

彫刻家のイサム・ノグチと画家の長谷川三《はせがわさぶ》郎《ろう》は1950年（昭和25年）に出会い、強く共鳴しながら親交を深めていった。展覧会では、この2人の芸術家の交友に注目し、彼らがともに歩んだ1950年代を中心に、戦後の日本美術の道を切り拓こうとした2人の創作活動に迫る。絵画、彫刻、版画、写真、書など約120点の作品が展示される内容だ。Ⓟ5組10名

1 葛飾北斎《弘法大師修法図》紙本1幅　弘化年間（1844－47）　西新井大師總持寺　通期展示　**2** ⓒDisney　**3** 東松島市立宮野森小学校 2017年 盛総合設計＋シーラカンスK&H 撮影：浅川敏　**5** 雪中松に鹿図屏風　2曲1双のうち右隻 山口素絢筆 江戸時代・18～19世紀 北三井家旧蔵　**6** イサム・ノグチ《捜す者、捜し出したり》1969年 玄武岩 94.0×100.3×49.8cm イサム・ノグチ財団・庭園美術館（ニューヨーク）蔵 ⓒThe Isamu Noguchi Foundation and Garden Museum, New York/ARS-JASPAR Photo: Kevin Noble

招待券プレゼント！ Ⓟマークのある展覧会・イベントの招待券をプレゼントします。69ページ「学習パズル」にあるQRコードからご応募ください。（応募締切2019年1月15日）。当選者の発表は賞品の発送をもってかえさせていただきます。

さくいん

＜コーナー名＞

＜本文中記事＞

○ 目標・目的から逆算された学習計画

MYSTA・個別進学館は早稲田アカデミーの個別指導ブランドです。個別指導の良さは、一人ひとりに合わせた指導。自分のペースで苦手科目・苦手分野の学習ができます。しかし、目標には必ず期日が必要です。そこで、期日までに必要な学習内容を終えるための、逆算された学習計画が必要になります。早稲田アカデミーの個別指導では、入塾の際に長期目標／中期目標を保護者様・お子様との面談を通じて設定し、その目標に向かって学習計画を立てることで、勉強への集中力を高めるようにしています。

○ 集団授業のノウハウを個別指導用にカスタマイズ

MYSTA・個別進学館の学習カリキュラムは、早稲田アカデミーの集団授業のカリキュラムを元に、個別指導用にカスタマイズしたカリキュラムです。目標達成までに何をどれだけ学習するかを明確にし、必要な学習量を示し、毎回の授業・宿題を通じて目標に向けて学習し続けるためのモチベーションを維持していきます。そのために早稲田アカデミー集団校舎が持っている『学習する空間作り』のノウハウを個別指導にも導入しています。

○ 難関校にも対応

MYSTA・個別進学館は進学個別指導塾です。早稲田アカデミー教務本部と連携し、難関校と呼ばれる学校の受験をお考えのお子様の学習カリキュラムも作成します。また、早稲田アカデミーオリジナルの難関校向け教材も、カリキュラムによっては使用することができます。

お子様の夢、目標を私たちに応援させてください。

無料 個別カウンセリング 受付中

その悩み、学習課題、私たちが解決します。

個別相談時間 30分～1時間

勉強に関することで、悩んでいることがあればぜひ聞かせてください。経験豊富なスタッフが最新の入試情報と指導経験をフルに活用し、丁寧にお応えします。　※ご希望の時間帯でご予約できます。お電話にてお気軽にお申し込みください。

Success15
1月号

高校受験ガイドブック2019❶
早稲田アカデミー 提携
Success15
夢が広がる高校選びの情報満載！
サクセス15
めざすべき学部がわかる
『サクセス15』的
お仕事図鑑
木々を守るお医者さん
「樹木医」に
クローズアップ
SCHOOL EXPRESS
東京学芸大学附属高等学校
FOCUS ON
東京都立戸山高等学校
表紙：東京学芸大学附属高等学校

FROM EDITORS

今回の特集は２つとも職業に関するものです。みなさんの興味をひいたのはどの職業でしょうか。じつは私は、15ページから紹介している樹木医については今回初めて知ったのでとても興味深かったです。取材にご協力いただいた額谷さんは、高校生のころから樹木医という夢に向かって勉強してきた方で、お話を伺っていると樹木医の仕事が好きで、やりがいを感じられているのが伝わってきて素敵でした。やはり将来の夢があると勉強するモチベーションも高まるのだと改めて思いました。

もちろん今回紹介した以外の職業をめざす人もいると思いますが、少しでもみなさんの夢へ近づく、夢を見つけるきっかけになれば嬉しいです。（S）

NEXT ISSUE 2月号

SPECIAL 1

みんなの
疑問を解決
入試直前期
Q＆A

SPECIAL 2

受験生を応援する
名言の数々

大学研究室探検隊vol.10

FOCUS ON

埼玉県立川越高等学校

※特集内容および掲載校は変更されることがあります

INFORMATION

『サクセス15』は全国の書店にてお買い求めいただけますが、万が一、書店店頭に見当たらない場合は、書店にてご注文いただくか、弊社販売部、もしくはホームページ（右記）よりご注文ください。送料弊社負担にてお送りします。定期購読をご希望いただく場合も、上記と同様の方法でご連絡ください。

OPINION, IMPRESSION & ETC

本誌をお読みになられてのご感想・ご意見・ご提言などがありましたら、ぜひ当編集室までお声をお寄せください。また、「こんな記事が読みたい」というご要望や、「こういうときはどうしたらいいの」といったご質問などもお待ちしております。今後の参考にさせていただきますので、よろしくお願いいたします。

サクセス編集室 お問い合わせ先

TEL：03-5939-7928　FAX：03-3590-3901

高校受験ガイドブック2019 1 サクセス15

発　行　2018年12月15日　初版第一刷発行
発行所　株式会社グローバル教育出版
〒101-0047 東京都千代田区内神田2-5-2
信交会ビル3F
TEL　03-3253-5944
FAX　03-3253-5945
http://success.waseda-ac.net
e-mail　success15@g-ap.com
郵便振替口座番号　00130-3-779535
編　集　サクセス編集室
編集協力　株式会社 早稲田アカデミー

ISBN978-4-86512-162-9

C6037 ¥800E

定価：本体800円+税

グローバル教育出版